Anonymous

Beiträge zur Kunstgeschichte

Anonymous

Beiträge zur Kunstgeschichte

ISBN/EAN: 9783743629479

Hergestellt in Europa, USA, Kanada, Australien, Japan

Cover: Foto ©ninafisch / pixelio.de

Weitere Bücher finden Sie auf **www.hansebooks.com**

WENDEL DIETTERLIN

MALER VON STRASSBURG

EIN BEITRAG ZUR GESCHICHTE

DER DEUTSCHEN KUNST IN DER ZWEITEN HÄLFTE

DES SECHZEHNTEN JAHRHUNDERTS

VON

KARL OHNESORGE

DR. PHIL.

—

MIT EINER ABBILDUNG

LEIPZIG
VERLAG VON E. A. SEEMANN
1893

MEINEN LIEBEN ELTERN

„Wer den Besten seiner Zeit genug gethan, der hat gelebt für alle Zeiten." Mit diesen Worten möchte ich das Recht begründen, das ich mir nehme, einem Wendel Dietterlin eine besondere Abhandlung zu widmen. Es ist wahr, er gehört nicht zu den grossen Namen der Kunstgeschichte, die in aller Munde leben. Er war auch wirklich keiner von denen, die Geschichte machen. Wohl aber hat er das Verdienst, das Können und das Streben einer bestimmten Epoche zusammengefasst zu haben. Als einer der anerkannt tüchtigsten Künstler der sogenannten deutschen Renaissance im Augenblicke ihrer höchsten Reife hat er eine so vielseitige Thätigkeit entfaltet, dass er wie selten ein Meister geeignet ist, als allgemein gültiger Vertreter der Kunst seiner Zeit betrachtet zu werden. Für diese Bedeutung ist Dietterlin noch nicht gebührend gewürdigt worden. Dass dieses versucht werde, dazu hat mich Herr Professor Dr. JANITSCHEK angeregt. Ihm sei an erster Stelle mein Dank dargebracht. Ebenso ist es mir Bedürfnis, allen Herren Direktoren und sonstigen Beamten von Archiven, Bibliotheken und Museen, deren Unterstützung mir zu teil wurde, mich hiermit erkenntlich zu zeigen. Nicht minder weiss ich mich einigen Privatleuten, besonders den beiden um Strassburger Lokalgeschichte hochverdienten Herren FERDINAND REIBER, der leider inzwischen verstorben ist, und ADOLF SEYBOTH für manche Förderung verpflichtet.

Dass alles, was in dieser Arbeit verwertet worden ist, die Prüfung eigener Anschauung bestanden hat, braucht wohl nicht besonders versichert zu werden. Leider ist mir manches begehrte Buch und Bild nicht zugänglich geworden.

STRASSBURG i. E. im Oktober 1892.

Karl Ohnesorge.

Anfänge.

Wendel Dietterlins Geburtsjahr lässt sich annähernd berechnen aus der glaubwürdigen Umschrift eines ihn darstellenden Bildnisses. Sie lautet: Wendelinus Dietterlin Pictor Argentinensis obijt A° M. D. I. C. Aet IL. Demnach wurde er 1550 oder 1551 geboren, je nachdem 1599 sein Todestag vor oder hinter seinen Geburtstag fiel. Den Ort, wo er das Licht der Welt erblickte, und seinen eigentlichen Namen giebt eine Urkunde im Strassburger Stadtarchive [1]), wo er erwähnt wird als „Wendling Grapp genant Dieterlin von Pfullendorf der Moler zu Strassburg". Er hiess also Grapp, wofür auch Gropp vorkommt, und Dietterlin ist nur ein Beiname, der in ähnlicher Weise wie Dietrich von dem Eigennamen Dieter als Schmeichelwort abgeleitet ist [2]). Wenige Male wird sogar für ihn selbst und für seine Nachkommenschaft diese Form Dietrich gebraucht [3]).

Über seine Jugend ist urkundlich noch nichts Gewisses bekannt. Von wem die in ihm schlummernde Anlage zum Zeichnen geweckt oder gefördert, wo und wann er, wie es der handwerkliche Betrieb aller Künste damals verlangte, in die Lehre getreten, ob er danach gewandert sei, durch welcher Herren Länder er dabei gezogen, davon vermeldet weder er selbst noch ein anderer ein einziges Wort. Über sein Werden als Künstler, über das Verhältnis seiner Kunstart zu der seiner Zeitgenossen, muss also eine zweite Quelle, das sind seine Werke, Aufschluss geben. Man hat ihn zuweilen für einen Meister in allen möglichen Künsten gehalten, hat ihn zugleich Architekt, Maler, Kupferstecher, Goldschmied und Bossierer genannt, er selbst nennt sich in Urkunden und in den eigenen Büchern nie anders als Maler. Ob diese schlichte Bezeichnung genügt, den ganzen Gehalt seiner Thätigkeit zu begreifen, auch hierüber wird erst die Betrachtung seiner Leistungen Auskunft erteilen.

Ihn und seine Knabenzeit betrifft nur vielleicht eine Stelle im Strassburger Bürgerbuch, die ich heranziehe, weil es eben Strassburg ist, wo Dietterlin für seine ganze spätere Lebenszeit nachgewiesen werden wird, dann, weil dort der Name Grapp nur äusserst selten vorkommt. Zum Jahre 1562, Zinstag den 20. Januarii, heisst es nämlich daselbst: „Rachel mülhauserin, weylandt Herrn Bernhartt grappen des predikanten zu Lissenheim im preissgau sellig nachgelassne wittwe hott das burgkrecht kaufft und dient zu den winstichern". Möglich ist es, dass hier die Mutter unseres Wendels gemeint sei, der dann als Sohn eines protestantischen Pfarrers in einem Alter von etwa 12 Jahren nach Strassburg gekommen wäre. Sicher war er selbst, wie Kirchenbücher beweisen, ein Anhänger des neuen Bekenntnisses [4]).

Ebenfalls in einem von diesen, im Hochzeitsbuch des Strassburger Münsters, findet sich das erste urkundlich verbürgte Ereignis aus seinem Leben verzeichnet. Es wurde am Sonntag, den 12. November 1570 in dem derzeit protestantischen Dome getraut: „Wendel Grapp und Catharina, Hanss Sprewer zu Ehrstein hinderlassene Dochter"[5]). Eine eigene Wohnung scheint damals der Bräutigam noch nicht innegehabt zu haben, denn es wird der Aufzeichnung beigefügt: „Seind zu erfragen bei Clas Siffler (?) pfister". Erst am 19. Februar 1571 kauften die neuen Eheleute gemeinsam für sich und ihre Erben ein Haus, dessen Lage sich nach den im Kaufvertrage stehenden Angaben noch heute nachweisen lässt[6]). Es befand sich an dem Stephansplan, auf einem Teile der Stelle, welche jetzt das Haus Nr. 7 einnimmt, und hiess „Zum Himmelreich". So Ehemann und Hausbesitzer geworden, liess sich Dietterlin einen Tag nach diesem Vorgange unter die Strassburger Bürger aufnehmen, und zwar empfing er das Burgrecht von seiner Frau, die es also schon vorher besessen haben muss[7]). Mit dem Wesen eines Bürgers war es damals notwendig verbunden, dass man einer der städtischen Zünfte angehörte. Wendel Dietterlin war, wie uns dasselbe Bürgerbuch meldet, ein Diener der Zunft zur Steltz. Wenn er nicht Sohn eines Bürgers war, in welchem Falle er ohne Rücksicht auf sein Gewerbe

der Zunft seines Vaters dienen durfte, so war die Steltz der für ihn
gewiesene Verband, denn er umfasste die Gold- und Silberarbeiter,
die Glaser, die Buchbinder, die Maler, die Bildhauer, die Vergolder
und Lackierer als besondere Handwerke; dazu die nicht ein solches
bildenden Buchdrucker, Buchhalter (Buchhändler), Pittschier- und
Kupferstecher, Kartenmacher, Marmelier, Papierer und Schriftgiesser [8]).
Leider sind die Bücher der von diesen besessenen Stube zum grössten
Teile verloren gegangen. In ihnen wären am ehesten pflichtmässig
genaue Nachrichten über Herkunft und Lehrgang unseres Künstlers
zu erwarten gewesen. Erhalten geblieben sind allein die „Artikul-
bücher", doch ihre Bestimmungen lassen keinen zwingenden Schluss
auf das Vorleben Wendel Dietterlins zu. Nur das eine können wir
aus ihnen entnehmen, was er für Probestücke gemacht haben muss,
um in der Stadt als Meister zu gelten und dessen Rechte zu üben
d. h. in einer Werkstatt Gesellen und Lehrjungen zu halten [9]). Denn
von dieser Prüfung war niemand befreit, er mochte fremd oder ein-
heimisch sein, mochte noch Geselle heissen oder anderwärts schon
als Meister gewohnt haben. Für Dietterlins Zeit muss die Verordnung
von 1547 als geltend betrachtet werden [10]). Auf Grund dieser können
wir also mit aller Wahrscheinlichkeit zwei freilich verlorene Arbeiten
von ihm nennen, indem wir behaupten, dass auch er einmal erstens
„ein Crucifix von Leimfarben, mit einem getrenge, Inn welchem
Maria Johannes und andere Frawen, dessgleichen Juden und sonst
viler fremden Nation personen zu Ross und Fuss yeder nach Irer art
neben einer guten Landschaft", und zweitens „ein Mariabild mit einem
khindlin und von Ölfarben sitzend oder stondt gemahlet habe".
Letzteres musste er mit Leisten einfassen lassen, die er selbst „pruniert"
und vergoldet hatte. Gegenüber früherer Zeit, wo man die Meister-
stücke aus „eygnen Köpffen und nicht anders" machen durfte, war
es seit 1547 freigestellt, dass man es auch von lebendigen oder gestochenen Dingen, aber „ohne meniglichs Inntrag" d. h. Beihilfe
„abcontrafayen mochte".

Wenn wir uns ein Bild von den Kunstverhältnissen machen
wollen, wie sie Dietterlin bei seinem Auftreten in Strassburg antraf,
so empfiehlt es sich, da wir unsicher sind, wann dies frühestens statt-
fand, unseren Blick auf eine grössere Spanne der vor 1570 liegenden

Zeit zu werfen. Mögen auch die bekannten Worte Heinrich Vogt-
herrs von 1537 [11]): „Nachdem der barmhertzig Got auss sonderer
Schickung seines Heyligen worts, jetz zu unsern Zeiten in gantzer
Teutscher Nation allen subtilen unnd freyen Künsten eine merckliche
verkleynerung unnd abbruch mit gebracht hat," in ihrer Verall-
gemeinerung auf ganz Deutschland zu weit gehen, für des Künstlers
Wohnort Strassburg übertreiben sie nicht. Die hier in Zwinglischer
Fassung angenommene Reformation bewirkte völlige Abschaffung
aller Bildwerke an Stätten der Gottesverehrung. Bei der verfassungs-
mässigen Ordnung, mit der die hierauf abzielenden Anträge der
Predikanten und der Bürger vom Stadtrate ausgeführt wurden, erlitt
der Stand der Künstler nachhaltigeren Schaden als anderswo durch
die schnell verbrausenden Bilderstürme der Schwarmgeister. So sehr
war doch noch die Religion, wie von jeher die Hauptnährmutter der
Künste, dass, von ihr verstossen, diese gänzlich verzweifelten. Schon
zum Jahre 1525 lesen wir in den sogenannten Annalen Sebastian Brants,
die auf Grund der Ratsprotokolle 1637 von Jacob Wencker verfasst
sind und über Abschaffung der Bilder die meisten Nachrichten bieten [12]):
„Mohler und bildhauer suppliciren, dieweil durch das Wort gottes
ihr Handtierung abgond, sie mit empter vor andern versehen". Zwar
hörte um die Mitte des Jahrhunderts mit dem Siege der lutherischen
Richtung die bilderfeindliche Gesinnung in den leitenden Kreisen auf,
aber doch war der Geist der ganzen Zeit noch nicht wieder geeignet,
eine Kunst zu wecken und zu fördern. Die geistigen Bedürfnisse
von Hoch und Niedrig gingen nicht aus auf Unterhaltung, sondern
auf Belehrung, nicht auf Anschauung, sondern auf Erkenntnis, nicht
auf Bilder, sondern auf Bücher. Einzudringen in das Wort Gottes,
Stellung zu nehmen bei Lehrstreitigkeiten, Schulen zu gründen, die
Sittenverhältnisse zu bessern, diese Aufgaben lagen jetzt dem einzelnen
und der Gesamtheit am nächsten und nahmen sie völlig in Anspruch.
Dazu war der weltliche Besitzstand der Angehörigen des alten und
neuen Glaubens lange unsicher schwankend. Endlich verzehrte
Kriegsnot die Mittel zu einer gedeihlichen Kunstpflege. So erklärt
sich denn die Thatsache, dass in der Stadt, die im Anfang des Jahr-
hunderts im Kunstleben Deutschlands neben Nürnberg, Augsburg und
Basel eine führende Stellung einnahm, **wo** im Dienste bedeutender

Schriftsteller Buchdruck und Holzschnitt das Höchste leisteten, wo Wechtlin und Baldung wirkten, uns in dem ganzen mittleren Drittel des Jahrhunderts kein besseres Bauwerk, keine Bildhauerarbeit, kein Gemälde, nur selten ein Kupferstich oder Holzschnitt begegnen. Zwar kennen wir einige Namen damaliger Meister, doch fehlt ihnen jeglicher Klang [13]).

Bezeichnend für das Wesen jener Jahrzehnte in Strassburg ist die Geschichte eines in sie hinein fallenden Kunstwerkes, von dem man wegen seiner Volkstümlichkeit wohl hätte erwarten können, dass man sich in der Stadt eifriger darum bemüht hätte. Ich meine die Erneuerung des Uhrwerks im Münster [14]). Schon seit geraumer Zeit hatte der alte Gockel aufgehört, durch sein mittägliches Krähen zwar die Weihe des Gotteshauses zu stören, aber die immer zahlreich zuhörende Menge zu belustigen. Denn das Gangwerk war alt und rostig geworden. Im Jahre 1547 beschloss der Rat Ersatz zu schaffen und beauftragte mit der Arbeit die dafür nötigen Mathematiker, Uhrmacher und anderen Handwerksleute. Aber „das Werk ist hernacher durch etlicher Absterben und anderer Ungelegenheit, so dazumahlen einfielen, verhindert und also unausgeführt verblieben." Nur der steinerne Bau des Gehäuses war einigermassen weit gediehen. Erst im Jahre 1571 waren es zwei fremde Uhrmacher, die Gebrüder Habrecht aus Schaffhausen, die durch Vermittelung des gelehrten Conrad Dasypodius den Rat zur Wiederaufnahme der Arbeit bewogen. Wichtig ist es nun für uns, dass man auch für die künstlerische Ausschmückung keinen der alteingesessenen Maler der Stadt heranzog, sondern einen eben erst aus der Fremde gekommenen Meister. Man beauftragte damit den frühestens 1570 [15]) ebenfalls von Schaffhausen nach Strassburg übergesiedelten Tobias Stimmer. Freilich hatte dieser bereits eine Leistung aufzuweisen, die zu den bedeutendsten seiner Zeit gehörte, die wahrscheinlich auch erst 1570 [16]) vollendeten Strassenmalereien an dem Hause zum „Ritter" in seiner Vaterstadt am Rheinfall. Auch sein Gehilfe bei der Ausmalung des genannten Gehäuses und der äusserlich sichtbaren Teile des neu eingesetzten Werkes war kein Strassburger, sondern sein Bruder Josias.

Sehen wir nun, wie nach Vollendung dieser Arbeit um Johannis Baptistä 1574 in Strassburg plötzlich eine Aufgabe nach der anderen

für künstlerische Thätigkeit sich bot, so hat es den Anschein, als
wäre es Stimmers Auftreten gewesen, das hier neues Leben in die
eingeschlafene Kunstpflege gebracht hätte. In Wirklichkeit werden es
die veränderten Zeitverhältnisse gewesen sein, welche den Umschwung
bewirkten. Besitz und Befugnis der verschiedenen Parteien schien
wenigstens vorläufig sicher abgegrenzt worden zu sein. Wie also die
Protestanten mit der Errichtung der kostbaren neuen Uhr ihrer
Hoffnung auf dauernde Herrschaft im Münster Ausdruck verliehen,
so pochten Bischof und Domkapitel für ihren Teil auf Unvertreibbarkeit,
indem sie gleichzeitig den gewaltigen Umbau des Bruderhofes begannen. Dieser hart hinter dem Münster gelegene Bau enthielt für
sie Wohn- und Lagerräume. Mit Bewunderung spricht von der
Neuanlage der zeitgenössische Maler und Geschichtschreiber Sebald
Büheler [17]. Nach ihm fingen die Vorarbeiten am 17. Dez. 1571 an.
Über Fortgang und Abschluss des Werkes ist näheres nur von
Grandidier beigebracht worden [18]. Demzufolge wurde das Gebäude
1575 vollendet von einem Baumeister Christoph Feiertag und, was
uns am meisten angeht, seine Aussenwände wurden geschmückt mit
Malereien eines Künstlers „qui exerçait alors dans Strasbourg l'art de
la peinture avec succès, nommé Barthélemi Dieterlin". —

Dass hier der Vorname Barthélemi nur auf einem Versehen beruht
und Grandidier doch unsern Wendel gemeint hat, beweist die aus-
drückliche Betonung der Gleichzeitigkeit der Malerei mit dem Bau.
Ein Bartholomäus Dietterlin ist erst 1609 geboren [19]. Möglich ist es,
dass es nur auf dieser selben Erwägung beruht, wenn Strobel [20] und
Piton [21] ohne weiteres für die gleiche Sache wirklich Wendel Dietterlin
anführen, möglich ist es aber auch, dass sie aus anderen, für sie noch
vorhandenen Quellen die Berichtigung geschöpft haben. Eine von
diesen, das Verzeichnis der reichen im 17. Jahrhundert zusammen-
gebrachten Künastischen Sammlung, das mit seinen vielen kunst-
geschichtlichen Ausführungen leider 1870 verbrannt ist, scheint
wenigstens das noch einmal zu erhärten, dass die Arbeit nicht von
Bartholomäus gemacht worden ist. Sonst wäre sie in den sorgfältigen
Auszügen daraus bei Strobel an der, diesem Bartholomäus gewidmeten
Stelle aufgezählt worden [22].

Hätte nur Grandidier, wie sonst aller Orten, auch hier bekannt, ob er die Kapitelakten benutzt habe! Ich habe versucht, durch eigene Nachforschung in denselben ihn zu ergänzen und zu rechtfertigen, allein der jetzt gerade für Bausachen äusserst lückenhafte Bestand[23]) hat meine Mühe vergeblich gemacht. Glauben wir aber auch ohne andere Bestätigung, was Grandidier gegenüber nicht leichtsinnig ist, seinem Zeugnis, so müssen wir erstaunen, wie schnell sich Wendel Dietterlin mit seiner Kunstfertigkeit Achtung verschafft haben muss, um mit einer so bedeutenden Aufgabe betraut zu werden. Man könnte meinen, dass auch für diese Tobias Stimmer wegen seiner Ausschmückung des Hauses zum Ritter so recht den gewiesenen Mann abgegeben hätte. Den Verzicht auf ihn erklärt aber vielleicht der Umstand, dass er von der Uhr noch nicht abkommen konnte, vielleicht auch, dass er sich damals schon zu fest gegen die Buchdrucker verpflichtet hatte, für die er in den nächsten Jahren viele Hunderte von Holzschnitten zu liefern gehabt hat[24]). Wendel Dietterlin war bei der Übernahme seiner grossen Erstlingsarbeit erst in der Mitte der zwanziger Jahre. Er führte sie aus ganz im Geiste seiner Zeit, deren Bilderfreude sich am liebsten entweder aus dem weiten Gebiete der Allegorie, oder aus der Bibel und zwar jetzt aus allen ihren Teilen ihre Stoffe holte. Dieses Mal waren es Geschichten der heiligen Schrift, al fresco gemalt, von denen Grandidier noch einige Reste sah, ehe der nachmals in ein Jesuitenkolleg verwandelte Bruderhof 1769 dem noch heute bestehenden Neubau des Kardinals Rohan Platz machen musste.

Auch aus Dietterlins privatem Leben ist für diese Zeit der Mitte des Jahrzehnts Neues zu vermerken. Während 1573 das oben erwähnte Haus „zum Himmelreich" noch als ihm gehörig bezeichnet wird, geht es schon 1574 aus den Händen eines Magisters Ulrich Fabri in die der Herren „Deputaten des Chors Hoher Stift" über. Es ist mit ziemlicher Sicherheit anzunehmen, dass Dietterlin gleich nach Aufgabe des ersten Grundstückes dasjenige zweite übernommen hat, für welches er einmal 1579 als Besitzer genannt wird. Es ist dies das Haus „zur Lucernen" gewesen, das von dem „zum Himmelreich" nur wenige Schritte, die man um eine Ecke zu gehen hat, entfernt liegt, heute Stephansplan Nr. 4. Auch hier ist das alte Haus nicht mehr erhalten, es kann aber nach der gültigen Massgabe des

neuen nur von recht bescheidenen Abmessungen gewesen sein.
Wenn darin seine Familie, seine Werkstätte und, wie es üblich war,
seine Gesellen und Lehrjungen untergebracht werden mussten[25]),
mag man sich öfter etwas beengt gefühlt haben. Ich stelle mir vor,
dass er aus diesem Grunde sich sobald nach einer dritten Wohnstätte
umgesehen hat. Denn schon 1580, früh im Jahre, kaufte er sich in
der vermutlich geräumiger gebauten Vorstadt Krutenau jenseits der Ill
an. Das Grundstück lag vorn an der Wilhelmerstrasse und stiess hinten
mit einem Garten auf das damalige „Badestubgässelin". Die Lucern
aber überliess er am 9. März 1582 Stephan Wayss, einem Organisten
aus Dürckheim a. d. Hardt, der für seine Verrichtung weniger Raum
als ein Malermeister zu beanspruchen brauchte[26]).

2.

Die Jahre von 1580 bis 1590.

Mittlerweile war in der Stadt die Baulust nicht wieder ein-
geschlafen. Vielmehr kam Strassburg jetzt erst recht eigentlich in
die Zeit hinein, in der es sich die Berechtigung zu dem Namen der
wunderschönen Stadt verschaffte. Schon die alten Chronisten sind
durch die grosse Zahl von Bauwerken, die sie aufführen mussten, zu
allgemeinen Betrachtungen darüber angeregt worden. So berichtet
zum Jahre 1578 Wencker[27]): „hatt damalen gute baumeister geben,
viel häuser gebauen worden." und Specklin erzählt für 1580 vom
Bischof Johann von Manderscheid[28]): „Er hat sunst vil und gern
bawen." Dass in Strassburg in diesen ganzen Jahren aussergewöhnlich
viel für zeitgemässe Umgestaltung der Festungswerke geschah, wes-
halb derselbe Specklin „so zuvoren nicht brauchig wass" als Baumeister angestellt wurde, sei nur nebenbei bemerkt[29]). Unsere Teil-
nahme beanspruchen Bauten anderer Art, zunächst die Errichtung
des Westflügels für das Frauenhaus, die bekannte Stätte für Werk-
leitung der Münsterbauten. Denn mit ihm ist wieder einmal der
Name Wendel Dietterlins als des ausschmückenden Künstlers ver-
knüpft. Mit unserer Kenntnis dieser Arbeit ist es in einer Hinsicht
besser, in der anderen schlechter bestellt als mit jener des Bruderhofes,

Auch hier fehlen alle urkundlichen Belege; aus den Chronisten[30]) erfahren wir nur die Bestimmung, die Zeit und den Meister des Baues. Er sollte als Schaffenei dienen und wurde 1578—1581 vollführt von Hans Thoman Uhlberger. Von der Malerei und ihrem Verfertiger redet keiner eher als Piton[31]). Da ist es also ein Glück, dass noch heute wenigstens das Gebäude in seiner vollen Schönheit steht und von der Malerei ein Teil in seiner Ursprünglichkeit, der andere in Pausen und sonstigen Aufnahmen erhalten geblieben ist. Natürlich müssen wir das Urteil über sie und ihren Urheber verschieben, bis wir andere sicher beglaubigte Werke, die wir zum Vergleich heranziehen können, kennen gelernt haben[32]).

Für das hiermit begonnene Jahrzehnt der achtziger Jahre fliessen die urkundlichen Nachrichten über Wendel Dietterlin am reichlichsten. Ausser den schon teilweise berührten Erwähnungen seiner Person in Häuser- und Hypothekensachen werden uns jetzt einmal aktenmässig Leistungen von ihm aufgeführt. Das erste hierauf bezügliche Schriftstück will ich im folgenden unverkürzt meiner Darstellung einfügen, da es in beredter Weise neben der Hindeutung auf eine Arbeit Dietterlins uns eine wertvolle, weil zeitgenössische Abschätzung seiner selbst und seiner Fachgenossen betreffs ihrer Tüchtigkeit giebt. Das Zeugnis ist entnommen aus den Protokollen der für Handwerkssachen zuständigen Fünfzehnerkammer, wo es unter Samstag den 5. Oktober 1583 folgendermassen lautet: „Isaak Habrecht der Uhrenmacher und des wercks unser lieben Frawen Diener per Dr Greys: Er hab vor dissem einem Herrn Fugger von Augspurg ein Uhrwerck zu kauffen geben unnd Ime versprochen, dasselb in einem viertel Jahrs ausszumachen. Das hab er, als er noch zu Schaffhausen gewesen, mehrentheils gemacht, unnd ein hültzin geheuss dazu mitt sich auss dem Schweizerland macht, so auch zumtheill gemahlt. Dieweyll er nun itzo keinen mahler alhie bekommen könne, der Ime solch geheuss im hauss mahlen, und nach seiner gelegenheit, wie sichs nach der kunst erheyscht, köndte aussmahlen, und sich das viertel Jahrs zu ende laufft, unnd er einen schwager zu Schaffhausen, welcher das werck angefangen, Ime darzu sonderlich dienstlich sein köndte, und itzo ohne das alher kommen werde, damitt er dan seinen glauben gegen dem herren Fugger halten möge, und gegen den hieigen mahlern nicht zu klag komme, so pitt er Ime gnädigst zuzulassen, dass sein schwager Ime solch geheuss wie ers zu machen angefangen, vollends in seinem hauss alhie ausmahlen möge, und pitt um fürderlich bescheydt.

Zeigt Herr Stedl als oberherr der Zunft an, Es sey Meister Isaak bey Im gewesen Ime anzuzeigen, dass er Abell Stimmern angesprochen, der hab sich entschuldigt, dass er zuviehl zu thun, Meister Wendling sei nicht hie und mahl zu Hagenaw, der dörfft Ime noch wohl eine Jahr oder zwei umbtreyben. Isaak Knoderer hab auch arbeitt uffen land, Pangraz Englisch hab Ime den globum dazu gemahlt, aber ganz unvleyssig, dass es sein artt nicht hatt. Zu dem er Ime nicht Im Hauss arbeytten will. Die andern mahler derfften mehr daran verderben, dann guthmachen. So woll er Meister Isaak gern glauben halten und die arbeitt Recht fertigen, bevorab, dieweyll der Herr Fugger sich umb die Astronomia wohl verstehe. Und wo es nicht Recht gemacht würde, Ime Meister Isaak, verkleynerlich, deswegen Ime wohl zu willfahrenn.

Erkandt man soll Ime sein begeren zulassen, dass sein schwager ime das werck im Hauss machen und fertigen möge, die weyll es doch nicht umb ein Tag oder 14 zu thun ist."

Es gab also damals in Strassburg nur drei Maler, welchen Isaak Habrecht eine Arbeit zutraute, die, war sie auch von kleinerem Massstab, doch ungefähr ein ähnliches Geschick erforderte, wie es einst Tobias Stimmer bei der Ausschmückung der Münsteruhr an den Tag gelegt hatte. Warum wandte er sich nicht wieder an diesen selbst? Oder ist unter dem Schwager aus Schaffhausen, der so wie so nach Strassburg kommen will, Tobias gemeint, der sich in der That am 14. April dieses Jahres in seiner Vaterstadt aufhielt[33]? Die Art, wie von ihm als einem dem Rate ganz unbekannten und in der Stadt kein Handwerksrecht besitzenden Manne gesprochen wird, lässt diesen Schluss nicht zu. Dies aber zugegeben, so scheint mir aus dem Fehlen seines Namens in der Liste, die auch die von der Stadt gerade abwesenden Strassburger Maler nennt, mit ziemlicher Sicherheit hervorzugehen, dass er eben am 5. Oktober 1583 nicht mehr unter den Lebenden weilte. Die bisher herrschende Ungewissheit[34] über Tobias Stimmers Todesjahr wäre damit zu Gunsten von 1583 gehoben.

Von den beiden, hiernach übrig gebliebenen Nebenbuhlern Wendel
Dietterlins, — denn das ist Meister Wendling —, ist uns der eine,
Isaak Knoderer, gänzlich unbekannt. Abel Stimmer war der jüngere
Bruder des Tobias und war nach Sandrart[35]) ein „berühmter Glas-
maler, dessen Wercke zu Schaffhausen viel zu sehen sind". Was wir
heute noch von seinen Leistungen kennen, sind nur wenige Radierungen[36]). Damals hatte er seine Vaterstadt erst vor drei Jahren verlassen[37]). Was endlich die letzte in der Urkunde für uns wichtige
Angabe, die Hagenauer Thätigkeit Wendel Dietterlins selbst betrifft, so
fehlt zur Bestimmung ihrer Art und ihres Ortes jeglicher weitere Anhalt.

Genau in dieselbe Lage versetzt uns ein zweites aus dem Jahre 1589
stammendes Protokoll der Herren Einundzwanziger[38]). Dort heisst
es: „XVIII Juny. Wendling Dietherlin der Mahler übergiebt per
Bittelbronn ein supplikation, darin er vermeldet, das er wegen aus-
stendigen verdiensts die Zwölffer und gerichte zu Oberkirch zu Rott-
weil fürgenohmen, die sich aber abfordern lassen und die such für
die Bischoffliche Rhät gewiesen; uff das nun Ihme gebürlich glait
und schleinig Recht wider faren mög, bitt er umb Fürschrift. —
Erkandt: Ihme sagen, dass er keiner Fürschrift bedörffe, sondern der
bestimpten Zeit erwarte, kompt Ihme kein glait zu, sollen zu Rott-
weil fürtfaren."

Es ist also nur gesagt, dass er in oder für Oberkirch, ein kleines,
damals zum Bistum Strassburg gehöriges Schwarzwaldstädtchen[39]),
gearbeitet habe, nicht so, in wessen Auftrage, in welcher Weise, noch
auch bestimmt, in welchem Jahre es geschehen sei. Selbst darüber
herrscht keine Klarheit, ob das von ihm gegen den zahlungssäumigen
Schuldner beim Oberkircher Stadtgerichte vergeblich eingeleitete Verfahren gleich nach des Klägers Absicht vor dem Rottweiler Reichs-
hofgericht, oder noch dem Antrag der Oberkircher zufolge vor dem
ihnen zunächst übergeordneten bischöflichen Kanzleigerichte entschieden worden ist[40]).

Wichtiger ist in jeder Beziehung der Nachweis seiner Bethätigung
an dem bedeutendsten Strassburger Neubau damaliger Zeit, dem
heutigen Hôtel de Commerce. Über dessen Baugeschichte ist das
letzte Wort noch nicht gesprochen. Sie ist eine der verwirrtesten,
die man sich denken kann. Urkundliche Nachrichten darüber sind

noch zahlreicher vorhanden, als Schneegans [11]), Schadow [12]), Reuss [13])
in ihren Berichten darüber nennen. Liest man sie alle aufmerksam
durch, so kommt man aus Verwunderung und Ärger über die zu
Tage tretende Planlosigkeit garnicht heraus. Es klingt unglaublich,
wenn man hört, wie man nach Fertigstellung des untersten Geschosses
im Januar 1584 noch nicht im Klaren darüber war, ob man das
darüber zu errichtende Stockwerk zu einer „Ammeisterstub mit dazu
gehörigen gemach, stuben, küchen und nebenstuben oder zu drei neuen
Ratssälen" oder gar zu Warenlagern für die Messkaufleute einrichten
sollte. Ebenso unbegreiflich ist es, dass man sich darauf ein halbes
Jahr lang nicht einigen konnte, ob man es bei den zwei Stockwerken
lassen oder ein drittes aufsetzen sollte. Als man sich endlich aus
reinen Schönheitsrücksichten für das letztere entschieden hatte, führte
man es aus, ohne schon etwas über die spätere Verwendung desselben zu wissen. Kein Wunder, dass die Arbeit, bei der man so
aufs Geratewohl losbaute, im Oktober desselben Jahres durch den
Einsturz mehrerer Gewölbe des Erdgeschosses unterbrochen wurde.

Bei solchem Mangel an Zielbewusstsein in Grundriss und Aufriss
scheint es fast müssig, nach dem Architekten des Baues zu fragen.
In der That hat denn auch die Verantwortung und Leitung der
Anlage nicht in den Händen eines einzigen Fachmanns gelegen,
sondern stand bei einer grösseren Zahl von Laien, die der auftrag-
gebende Rat der XXI aus seiner Mitte dazu verordnet hatte. Ihrer
Prüfung und Entscheidung unterstand alles und jedes. Die Fachleute
traten nur auf als ihre beratenden oder ausführenden Gehilfen. Die
Abstufung unter diesen war nun folgende: Der Baumeister, von
welchem nachweislich mehrmals, wahrscheinlich immer die Visierungen
gefordert wurden, war Daniel Specklin [14]). Er war der einzige dieses
Ranges, der oberste Baubeamte der Stadt, gleichmässig angestellt für
Festungs- und Hausbau. Unter ihm standen die „Werckmeister der
Stadt". Das waren der unverträgliche Dieboldt Frauweler [15]), der
weitgereiste Georg Schmidt [16]), denen als dritter bis 1. Mai 1583 Hans
Schoch [17]). von da ab Jacob Koessler [18]) beigesellt war. Sie waren
die Leiter des Zimmer- und Maurerhofes der Stadt. Alle drei waren
am „Neuenbau" — das war der übliche Name für das Haus —
thätig. Ihnen wieder waren zunächst untergeben die „Baliere". Wir

kennen nur den auf dem Maurerhofe bei Namen. Es war dies bis
Anfang 1583 ein gewisser Jacob Kraus, der dann durch einen dabei
nicht genannten ledigen Gesellen, der aber wahrscheinlich Paul Maurer
war, ersetzt wurde [49]. Reiner Aufsichts- und Rechnungsbeamter in
Bausachen war der an Rang ziemlich hochstehende Stadtlohnherr.
Diesen Posten bekleidete bis 1582 Hans Lux [50]), dann Christoph
Letius [51]), seit November 1584 der inzwischen in badischen Diensten
gewesene Hans Schoch, der frühere „Werckmeister uff dem Zimmerhof".

Es kam mir darauf an, so ausführlich die Rang- und Zeitfolge
und die Befugnis aller am Bau beteiligten Personen festzustellen,
weil dadurch am besten die vorschnelle Behauptung Czihaks [52]), die
Hans Schoch und Paul Maurer als die eigentlichen Architekten ausgiebt, zurückgewiesen wird. Die beiden am Gewölbe des Thorwegs
recht versteckt angebrachten Meisterzeichen I S und P M, auf die sich
Czihak allein stützt, bezeichnen — wenn sie überhaupt Schoch und
Maurer bedeuten — zunächst nichts weiter als die gemeinsame Thätigkeit dieser beiden an der Errichtung eben jener unteren Gewölbe,
die dann in den Anfang des Jahres 1583 fallen muss. — Wem von
allen den Genannten das Stadthaus seine schliessliche, heute noch
ziemlich erhaltene innere und äussere Gestalt verdankt, das aus-
zumachen scheint mir unmöglich. Sicher aber hat Specklin für mich
immer noch mehr Anspruch auf den Namen des Architekten, als
Schoch und Maurer, von denen der eine in den für die Entwicklung
des Baues wichtigen Monaten des Jahres 1584 gar nicht in Strassburgischen Diensten war, der andere sich höchstens in der unter-
geordneten Stellung eines Baliers befand. Für das letztere ist auch
noch recht bezeichnend, dass für den erwähnten Einsturz der Gewölbe
nicht diesen — wie ich zugegeben haben will — an ihrer Errichtung
beteiligten Paul Maurer, sondern seinen Vorgesetzten Georg Schmidt
die Schuld und der Verweis traf.

Über dem Eingangsthore des Gebäudes prangt, wie um die Zeit
der Vollendung des Ganzen anzuzeigen, die Jahreszahl 1585. Aber
schon Reuss hat bewiesen, dass noch länger an ihm gearbeitet wurde.
Ein noch nicht beachtetes Schriftstück giebt an, dass selbst am
4. August 1589 das „Maalwerk am Neuwen Bau noch nicht vollends
gefertigt" worden war, und zeigt zugleich an, dass dieses von Wendel

Dietterlin ausgeführt wurde. In zwei Eingaben [53]) musste er sich be-
schweren, dass ihm der Betrag seiner Rechnung, die sich auf 144 ℔
12 Schilling 10 Pf. belief, nicht ohne Abzug bezahlt werden sollte.
Der Erfolg war, dass er den ihm zugedachten Verlust von 24 % auf
10 herabsetzte. Ob Dietterlin für die 134 ℔ sämtliche Malerarbeiten
innen wie aussen — denn Fassadendekoration zeigen mehrere spätere
Abbildungen [54]) des Hauses — zu leisten gehabt hat, davon steht
nichts in der Urkunde. Man müsste einmal, wie es kürzlich beim
Kammerzellischen Hause geschehen ist, zusehen, ob nach Entfernung
der Putzschichten unter den Fenstern nicht noch Reste zu Tage
träten. Vielleicht gäbe das dann Anlass, auch dieses schöne Haus nach
Möglichkeit in den vollen Besitz seines alten Glanzes zurückzuversetzen.
Wenn es nach einer Bemerkung Schadows so scheint, als habe er
und sein aus dem Jahre 1838 stammender Gewährsmann Grund,
diese malerische Ausschmückung des Baues vielmehr auf Sebastian
Stosskopf zurückzuführen, so wird dies hinfällig durch Einsicht in
eine noch ältere Quelle [55]), die deutlicher als die aus ihr geflossenen
späteren nur von einigen im Gebäude befindlichen Gemälden mit
Stillleben von der Hand Stosskopfs spricht.

Wie aus dem Wortlaut der letztgenannten Urkunden hervorgeht,
hatte Dietterlin zur Zeit ihrer Ausstellung nur noch ganz wenig am
Neuenbau zu thun übrig. Es ist deshalb schon wieder etwas anderes
gemeint, wenn er mehr als ein ganzes Jahr später in einer neuen
Eingabe [56]) verspricht „die Arbeit, so er meinen Herren zu fertigen,
auch zu befürdern". Über das Wesen dieser habe ich nur eine Ver-
mutung, aber eine, die allerseits gut passt, wenn ich an die von
Sebald Bueheler [57]) für 1589 und 1590 berichtete innere und äussere
Ausmalung der sogenannten alten Pfaltz, des eigentlichen Strassburger
Rathauses, denke. Dieser Bau ist seit 1789 gänzlich verschwunden.

Die Betrachtung der Thätigkeit Dietterlins in diesem Jahrzehnt
vor 1590 lässt sich nicht schliessen, ohne zu erwähnen, dass er darin
auch einige Vorlagen für den Kupferstich geliefert hat. Die künstlerische Würdigung aber dieser von Matthaeus Greuter gestochenen
Blätter bleibt einem anderen Teile dieser Abhandlung vorbehalten.

3.

Die Arbeit im Stuttgarter Lusthause.

Für seine Zeit ist Wendel Dietterlin wirklich berühmt geworden. Er hat es verstanden, seinen Ruf als Dekorationsmaler hoch zustellen und weit zu verbreiten. Im Süden unseres Vaterlandes galt er schon 1590 für die bedeutendste Kraft in seinem Fache. Das beweist seine Einladung zur Ausschmückung eines der edelsten und kostbarsten Bauwerke des Jahrhunderts, des Neuen Lusthauses in Stuttgart. Herzog Ludwig berief zu der Malarbeit die tüchtigsten Leute aus dem Elsass, aus Schwaben und Baiern, unter allen aber nahm unbestritten den ersten Rang unser Dietterlin ein. Er erhielt an dem Werke das vornehmste und schwierigste Stück und führte es zu aller Befriedigung aus. Auch sein eigener Stolz erhob sich nicht wenig. Es ist deshalb nicht genug zu bedauern, dass gerade auch diese Arbeit wie alle die vorher genannten untergegangen ist. Pietätlosigkeit hat daran starken Anteil gehabt.

Über die Erbauer, Benutzer und Zerstörer dieses Hauses, über seine Lage, seine Einteilung und seinen Schmuck ist in den letzten Jahren so viel und an so leicht zugänglichen Stellen geschrieben worden, dass ich auf alles, was nicht dem mir zunächst liegenden Zwecke dient, einzugehen verzichte[58]). Es handelt sich für uns nur um den grossen Saal im ersten Geschoss. Die Quellen, aus denen wir uns sein einstiges Aussehen wiederherstellen wollen, sind an Zahl und Inhalt nicht gerade gering. Sie ergeben aber zusammen doch nur eine Vorstellung im Grossen und Ganzen, von den Einzelheiten nur eine Benennung, kein Bild. Zunächst liegt auf dem Kgl. Hausarchive in Stuttgart ein·handliches Bündel „Acta unnd Handlungen, das Maalwerkh des newen Lusthaus Paw 1587—1592" betreffend. Dann giebt es eine Anzahl teils geschriebener, teils gedruckter, teils in gebundener, teils in ungebundener Sprache verfasster Beschreibungen des fertigen Werkes. Ich nenne nur die, welche jede etwas Selbstständiges bieten: ein Württembergisches Landbuch von 1610; die Gabelkoversche Chronik der Stadt Stuttgart von 1622; die „Beschreibung der Alten heydnischen Schrifften und Bildern im Fürst-

lichen Württembergischen Grossen Lusthaus zu Stuttgart". Stuttg.,
Roeslin 1695; und die „Vorstellung des hochfürstlichen Würtembergischen in dem Schlossgarten stehenden und schon vor mehr als
100 Jahren auffgebauten höchstprächtigen und fast königlichen Lusthauses samt allen dessen kunstbaren Gemählden vortrefflichen Rari-
täten" etc. Stuttgart, Michael Mueller 1706. Das wertvollste Mittel
aber zur Veranschaulichung bietet sich in einem schönen Kupferstich
von F. Brentel aus dem Jahre 1619. Das neuerdings öfter wiederholte Blatt ³⁹) giebt einen Blick durch den Saal von Nordosten nach
Südwesten. Die vor dem Abbruch 1845 gemachten Beissbarthischen
Aufnahmen, die in der technischen Hochschule in Stuttgart mit Recht
wie ein Schatz gehütet werden, enthalten leider für den Saal so gut
wie nichts. Seine Ausstattung war wohl schon bei dem Umbau zum
Theater unter Herzog Karl in der Mitte des vorigen Jahrhunderts
bis zur Unkenntlichkeit entstellt worden.

Sechs Jahre hatte die Bauthätigkeit schon gewährt, als 1590 der
Befehl vom Herzog ausging, das Malwerk im Lusthause anzugreifen.
Zu beginnen war mit der Decke im grossen Festsaale, der als einziger
Raum das ganze erste Geschoss des Gebäudes einnahm. Sie bildete
ein gewaltiges, flaches Tonnengewölbe, von dem die Achse 201 Fuss,
die unterste Sehne 71 Fuss und dessen Scheitelhöhe über dem Fuss-
boden 51 Fuss mass. Der Gesamtinhalt der zu bemalenden Fläche
betrug nach Dietterlins Berechnung 11558¹/₂ „gevierter Schuech".
Des Herzogs erster Gedanke war gewesen, diese Fläche so zu füllen,
dass sie zugleich eine kosmographische Darstellung der vornehmsten
und besten Teile seines Landes und eine Schilderung von allerlei
Jagdvergnügungen enthielte. Dagegen hatten aber schon 1587 sein
vertrauter Ratgeber in Kunstsachen Dr. Georg Gadner und sein Hofmaler Johannes Steiner gewichtige Bedenken erhoben. Perspektivische
Landschaftsmalerei, wie sie die Jagdbilder als Hintergrund erforderten,
wäre unvereinbar mit dem Wesen einer Landkartenzeichnung. In jener
höben sich die Gegenstände vom Himmel ab, diese aber verzeichnete
ihre Orte in den Grund. Die Trennung dieser beiden Dinge wäre
das erste, was im Plane geändert werden müsste, aber selbst das ge-
nügte noch nicht. Landschaften könnte man nicht in ein Gewölbe
malen, da sie nie eine Ansicht von unten vertrügen; in ein Gewölbe

gehörten Himmel und schwebende Bilder. Diesem vernünftigen Gut-
achten folgte der Herzog nicht ganz. Zwar verbannte er die Boden-
aufnahmen seines Landes an einen anderen Ort, von seinen Jagdbildern
aber liess er nicht ab. Er einigte sich nur dahin mit seinen Beratern,
dass man die Landschaftsdarstellungen teilte, so dass sie in zwei breiten
Streifen je die untersten Schichten des Gewölbes deckten, die Mitte
aber längs der ganzen Scheitellinie für eine Darstellung von im
Himmel sich abspielenden Vorgängen biblischer Art vorbehalten
wurde. Ein merkwürdiger Einfall, die Erschaffung der Welt, das
Lamm Gottes und das jüngste Gericht in den eigensten, schwäbischen
Himmel hineinzuversetzen! Denn eine handgreifliche Trennung der
drei Bildstreifen fand nicht statt.

Der Folge der Jagdbilder lag ein Entwurf von der Hand des Hof-
malers Steiner zu Grunde. Sie waren, wie alles an der Decke, in
Ölfarben auf Leinwand gemalt und waren verteilt auf 12 Stücke. Jedes
stellte ein Abenteuer in einem anderen Forstbezirk vor. Die Namen
von diesen waren durch darunter gesetzte Inschriften und sonst auch
durch Anbringung kennzeichnender Städte oder Burgen gegeben. Für
Abwechslung war reichlich gesorgt durch vielerlei Art von gejagtem
Getier und durch die mannigfachste Verwendung allen Geräts. Die
teilnehmenden Leute zu Ross und zu Fuss waren meist nach dem
Leben gebildet, ihre Erlebnisse waren hier ernster, dort lustiger Art.
Die verschiedenen Auftritte waren auch hier nicht von einander ge-
trennt. Alles verlief in dem grossen Gemälde wie gleichzeitig. Es
mussten sich also die acht Maler, unter die die zwölf Stücke zur Ausführung
verteilt waren, gut auf einander einarbeiten, um eine einheitliche
Gesamtwirkung zu erzielen. Man hatte sie auch vorher eidlich ge-
rade darauf verpflichtet. Im einzelnen werden sie gegenüber der
Vorlage Steiners viel Freiheit gehabt haben. Die Namen dieser
Meister sind folgende: „Hans Steiner Hofmaler, Hans Karg von
Augsburg, Hans Dorn von Kirchen, Andreas Herrneisen von Nürnberg,
Jakob Ziberlin (auch Züberll) von Tübingen, Peter Riedlinger von
Esslingen, Sebastian Ramminger von Stuttgart, Gabriel Dax von
Stuttgart und Philips Gretter."[60]) Unter ihnen führte der Hofmaler
die Aufsicht, natürlich nicht dauernd zu aller Befriedigung. Als der
erste an Kunstfertigkeit aber galt Herrneisen. Alles Werkzeug und

die Gehilfen wurden vom Bauherrn gestellt. Ihr Lohn war, abgesehen von Wohnungszuschuss und Lebensmittellieferung, angeschlagen auf zusammen 5200 fl., wobei man eine Arbeitszeit von 2 Jahren vorgesehen hatte. Doch mögen die nicht aufhörenden Bitten um Aufbesserung und Sondergaben die Kosten wesentlich anders gestaltet haben. Der einmal ausgesprochene Gedanke, dass wir auf einem in Colmar aufbewahrten Prunkschilde aus bemaltem Holze Nachbildungen dieser Jagdbilder des Lusthauses besässen, hat viel Wahrscheinlichkeit für sich[61]).

Bei dem Mittelbilde der Decke war man anders verfahren. Da bestimmte man am Hofe nur die Auswahl der darzustellenden Gegenstände, schon ihre erste künstlerische Gestaltung in der Visierung überliess man dem einen, zur späteren Ausführung bestimmten Meister. Allerdings konnte diesem das ihm zugesandte schriftliche „Verzeichnus, wie das Mittelstuck im Newen Lusthaus gestellt werden sollte," mit seinen ins einzelnste gehenden Angaben rechte Fesseln auflegen. Schrieb es doch, um nur einen Abschnitt von vielen zu betrachten, in dem der Offenbarung entnommenen Bilde das Aussehen der Tiere folgendermassen genau vor: „Die vier Tiere seint auch lieblich, unnd nitt trutzig oder mit aufgesperrten Rachen zu mahlen, alle gegen dem Trohn des Sohnes Gottes gewendet, und obwol der Text von sex Fligeln redet, so ist zu bedenken, ob es nit genug, wann ein iedliches tier zwen flügel hett." Solchen Fällen gegenüber konnte sich aber der Künstler auf eine öfter eingestreute Formel berufen, dass man der „Kunst und Perspectiv" nicht vorgreifen wollte. Die Verfasser dieser überaus lehrreichen Denkschrift waren wieder Dr. Georg Gadner und, die rechte Hand des Herzogs in allen Religionssachen, der berühmte Hofprediger Lucas Osiander. Was im humanistischen Italien so häufig vorkam, dass den grössten Künstlern ihre Stoffe von gelehrten Räten zubereitet wurden, ist also auch in Deutschland nicht ohne Beispiel.

Der Hofmaler Steiner war einige Zeit zuvor um einer Erbschaft willen in Strassburg gewesen. Dort hatte ihm Wendel Dietterlin als Bürge gute Dienste gethan. Aus Erkenntlichkeit dafür empfahl ihn Steiner seinem Fürsten zur Ausführung des Mittelstücks. Die Verhandlungen mit Dietterlin begannen vor Juni 1590. Ihr Ergebnis war,

dass Dietterlin versprach, die Arbeit zu verrichten „selb viert, Er selb,
sein Sohn, ain Jung und ein Gesell", die er selber besolden wollte. Die
Bedingungen für ihn waren sonst dieselben, wie für die anderen Maler,
nur wurde er neben dem Hofmaler über diese gesetzt. Sein Geldlohn
wurde auf 1650 Gulden bestimmt. Er hatte die Absicht, seine ganze
Haushaltung mit sich nach Stuttgart hinüber zu nehmen. Als deshalb
die erste von ihm angefertigte Visierung genehmigt worden war, kam
er beim Rate in Strassburg darum ein[62]), ihm für zwei Jahre sein Bürger-
recht vorzubehalten, und zog noch im Herbst 1590 mit Weib und
Kind in die württembergische Hauptstadt.

Nach einer Arbeit von anderthalb Jahren waren seine Decken-
bilder, nach Gadners Urteil das „fürnembste, schwereste und kunstlichste
Stuckh zue seinem sonderen Rhum unnd Lob gar zierlich unnd zum
besten verfertigt". Es waren drei an der Zahl, sie waren kreisförmig
geordnet. immer um den Angelpunkt der drei von der Decke herab-
hängenden Kronleuchter herum. Wo sie längs der Mittellinie des
Gewölbes an einander und an die Giebelwände stiessen, hatte er
schön gerahmte Tafeln gemalt, die zu den Bildern passende Sprüche
in lateinischen Versen trugen[63]). Das erste Gemälde, im nördlichen
Teile der Decke gelegen, enthielt die „erschaffung Himmels und der
Erden sambt des Menschen und aller anderen Creaturen, wie den
unlängst darauf ervolgten gantz leidigen Sündenfall unsserer Ersten
Ellter." Der Himmel spannte sich hier mit den grossen und kleinen
Gestirnen und vielen Vögeln gefüllt wie ein Ring um die Erde. Das
ist alles, was Gabelkofers Beschreibung und Brentels Abbildung uns
verkünden. Das zweite Gemälde veranschaulichte den Inhalt des
vierten und fünften Kapitels der Apokalypse. Die obere Hälfte des
Kreises bildeten die preisenden Engel, die untere die vierundzwanzig
Ältesten. Im Bereiche der oberen sass auf dem von Ampeln um-
gebenen und auf dem Regenbogen fussenden Throne Gott Vater mit
dem Buch und dem Lamm. Unter ihm schwebte zu den Ältesten
der starke Engel. Rechts und links füllten den Raum die vier Tiere.
Soviel lässt noch der Brentelsche Stich erkennen. Das letzte Stück
endlich begriff nach Gabelkofer das „jüngste Gericht, da der Herr
Christus die Ungläubige unnd verfluchte In das hellisch Fewer hinein-
weiset, die gläubige aber In die himmlische ewige frewd zu sich

nemmen thuet." Es scheint, dass sich Meister Dietterlin vorzüglich mit den Raumverhältnissen abgefunden habe. Zur Gliederung verwendete er reichlich Gewölk.

Durch den März und den April des Jahres 1592 zogen sich die Beratungen über die Ausführung des nach der Decke im Saale noch übrig gebliebenen Malwerks. Es musste zunächst folgen das rings herumlaufende Gesims und die von diesem und der Decke eingeschlossenen Kreisabschnitte an den Giebelseiten. Man hatte beabsichtigt, diese Teile nicht wie die früheren auf Leinwand, sondern auf den Putz zu malen. Dietterlin aber, dem man die Visierungen übertrug, riet davon ab, weil Öl nicht auf Tünche halten, weil das neue dann nicht zum alten stimmen und mehr Geld und mehr Zeit kosten würde, als dafür ausgeworfen wäre. Er bat gleichzeitig darum, ihm die ganze Arbeit allein zu übertragen, er würde dann „anders und besser noch, als es seine Visierung angäbe, die Zierden des Gesimbs auf achterley weg und formen künstlich zuvor ändern, also dass allweg zwey fenster gegeneinander über sich mit einander vergleichen sollten". Nebenbei „sey es Ime unglegen, mit jenen, wölche im an der Kunst und Arbeit ungleich, in gleichem Gewinne anzuliegen, zudem wolle er mit dem Hofmaler nichts zu schaffen haben". Mit diesem hat er sich nämlich ernstlich überworfen, weil der ihn einmal „ungunstlich und hindertückhs verunglimpft" hatte. Seiner Bitte wurde nicht gefolgt, die beiden Langseiten des Gesimses wurden an die anderen Maler vergeben, doch blieb es bei Dietterlins Visierung und Oberaufsicht. Er selbst führte allein die Zwerchseiten aus. Dort lagen in den Giebelfeldern je drei Fenster, ein kreisrundes in der Mitte, zwei breitrunde zu den Seiten. Er umstellte diese mit einer kräftigen, reich durch Kränze und menschliche Figuren belebten Architektur. Der Hauptschmuck des fünf Fuss hohen Gesimses, bei dem viel Gold und Silber verwandt wurde, scheinen mannigfach geränderte Cartouchen gewesen zu sein. Sie trugen an den Langseiten wahrscheinlich die Namen zu den darüber dargestellten Försten [64]). Die auf dem Brentelschen Stiche unterhalb des Gesimses sichtbaren Schilder mit Köpfen waren in Dietterlins Visierung nicht vorgesehen gewesen. Sie enthielten die 48 Bildnisse der vertrautesten fürstlichen Diener und sollten alle von Philipp Gretter gemalt werden. Für diese Arbeit hatten die Maler selbst die Farben zu stellen und erhielten 5 Batzen für den Geviertfuss.

Um kurz noch die ferneren Stücke der Ausstattung des Saales zu nennen, so hingen an den Pfeilerflächen zwischen den Fenstern in feinen lustigen Einfassungen die einst von der Decke hierher verwiesenen Landkarten der Württembergischen Förste und Ämter. Es waren acht einfache und acht doppelte Pläne, gezeichnet von Georg Gadner, wahrscheinlich von ähnlichem Aussehen wie seine noch erhaltene Karte des Herzogtums Württemberg vom Jahre 1608 [65]. Der ganze untere Teil war mit einem „hohen gesimbs von gefürnissten und kunstlich eingelegten Täferwerkh beschlagen". An den Giebelseiten waren zwischen den Fenstern im Südwesten die Bildnisse des Erbauers, des Herzogs Ludwig mit seinen beiden Gemahlinnen, im Nordosten die seines Nachfolgers, des Herzogs Friedrich mit seiner Gemahlin, letztere beide lebensgross in Wachs bossiert, angebracht. In der Mitte der beiden Langseiten aber ragten bis hoch an die Decke zwei herrlich gebildete, mit vielen Figuren besetzte Thürgerüste, Meisterwerke der Plastik.

<hr />

4

Die letzte Lebenszeit.

Anfang August 1593 war das Lusthaus „allenthalben durchaus verfertigt und vollendet". Herzog Ludwig konnte es sich noch eben ansehen, zwei Tage darauf starb er eines plötzlichen Todes. Die Maler im Saale waren ausser Gretter schon im Herbste zuvor mit ihrer Arbeit zu Ende gekommen und waren ehrenvoll beschenkt, soweit sie fremd waren, in ihre Heimat zurückgekehrt. Nur Dietterlin forderte seinen Abschied erst Ende Oktober 1593 von dem neuen Herzoge Friedrich. Die Gründe für diese Verzögerung möge er in seinem freilich schwerfälligen Deutsch selber berichten. Er schreibt seinem Gönner, dem „Edlen und Ehrenvesten Conrad Schlossbergern, fürstlichen Würtembergischen Pflegern des denkendorfischen Hoffs zu Esslingen, seinem günstigen lieben Herrn", folgendermassen [66]):

„Insonders günstiger Herr! Ich bin gleichwol in vorhaben gestanden, auff vollendung derjenigen Arbeit, — So dem Durchlauchtigen Hochgebornen Fürsten und Herrn, Herrn Ludwigen Hertzogen zu Würtemberg und zu Teck, Graven zu Mümpelgart etc., Meinem gnädigen Fürsten und Herrn, in ihrer Fürstlichen Gnaden alhie zu Stuttgarten new erbawten Fürstlichen und nunmehr weit berümbtem Lusthauss diese nechstverschiene zwei Jhar durch mich neben anderen underthenig verfertiget worden, — mich alsbald widerumb gehn Strassburg als mein Burgerlich heimwesen mit meiner hausshaltung zu begeben: So hat mich doch die ungelegenheit dess beschwerlichen Winterlichen Wetters und wegs, auch andere unversehen vorgefallene verhindernüssen, mehren theils und fürnemlich aber die Anmütige Freund- und Kundtschaft, darin ich die Zeit meiner alhieigen wohnung gegen Ewer Ehrenvest und etlichen andern (Als besonderen Liebhabern und Förderern der Malerey und anderer guten Künsten) kommen bin, biss dahero von solcher meiner vorgehabten widerreiss immer zuruck und uffgehalten. Damit ich aber solche zeit meines längern verharrens alhie nicht vergebens und ohne nutz zubrächte, auch meinen lieben Herrn unnd Freunden, die mich die Zeit meiner alhieigen beywohnung mit sonderer Freundschafft und gutten willen gemeint, ein Memorial, dabey nach meinem Abschied sich meiner zu erinnern, haben hinderlassen möchte: Hab ich uff derselben mich wol meinenden Freundt und anderer mehr Kunstliebenden beschehen vilfältiges begern und anhalten die in disem gegenwärtigen Libell für augen gestelt mancherley arten und Manier der Ornamenten und zier, wie dieselben nach dem rechten Grund der hochnotwendigen und fürtrefflichen Kunst der Architectur und deren angehörigen fürnemen stucks (so die Kunst der fünff Seuln genannt würt) mit vilerley lieblichen verenderungen nach glegenheit solcher fünff underschidlichen Manieren der Seuln oder gebew zu gebrauchen seyen, Auffgerissen und solche den Jungen angehenden Liebhabern der Künsten, so sich dieser wolstendigen zierlichen Kunst zu üben lust haben, zu gemeintem nutz und gutem in Druck verfertiget."

So lautet es im Beginn des Begleitschreibens zu dem ersten Teile des Werkes von Dietterlin, das mehr als alle seine andern, ja fast allein seinen Namen bis auf den heutigen Tag unvergessen gemacht hat, seines Lehrbuches der Architectura. Absicht, Inhalt und Erfolg dieses mehr durch seine in Kupfer geätzten Bilder als durch seinen Text bedeutenden Buches zu schildern, wird einen besonderen Abschnitt füllen. Die erste Auflage davon wurde also in Stuttgart gedruckt und zwar noch bei Lebzeiten des Herzogs Ludwig, der nicht „selig" genannt wird.

Aber selbst mit der Nennung dieser zweiten bedeutenden Leistung ist Dietterlins Thätigkeit in Stuttgart nicht erschöpft. Wir besitzen über dies alles noch eine Anzahl von teilweis sehr grossen einzelnen Radierungen, die ganz eigentlich württembergische Stoffe behandeln und als Jahr ihrer Entstehung die Zahl 1593 tragen oder vermuten lassen.

Von einem so ergiebigen Arbeitsfelde zu scheiden, mag Dietterlin nicht leicht gefallen sein. Auch sollte man meinen, dass er und seine Familie in den drei vollen Jahren, die sie dort zubrachten, sich so in Stuttgart eingelebt hätten, dass es ihnen unbequem deuchte, noch einmal den Wohnsitz zu wechseln, wenn es auch in die Heimat zurückginge. Dazu fesselten Dietterlin neue Bande der Freundschaft. Der adlige Conrad Schlossberger, ein verständnisvoller und selbst ausübender Liebhaber der bildenden Künste, hielt viel von ihm und zog ihn nahe an sich heran. Aus Dankbarkeit widmete ihm Dietterlin die erste Ausgabe der Architectura. Seinem Herzen noch näher stand aber ein anderer Mann, der zu den tüchtigsten Berufskünstlern seiner Zeit gehörte und eines der liebenswürdigsten Gemüter besass, der fürstliche Baumeister Heinrich Schickhardt. Dessen Lebensabriss, aus seinen noch erhaltenen Papieren zusammengestellt, bildet einen der anziehendsten und lehrreichsten Abschnitte in Lübkes Geschichte der Renaissance in Deutschland[67]). Dietterlin begrüsst ihn als „seinen sonders lieben vertrauten Freund"[68]), was Schickhardt mit derselben Herzlichkeit erwidert, wo er in dem Verzeichnis seiner Bücherei erwähnt, dass er auch die Werke vom „kunstreichen, berühmten und ehrlichen Wendel Dieterlein, seinem lieben und guten Freunde" besässe. Schickhardt war acht Jahre jünger als Dietterlin. — Endlich war die Geistesrichtung des neuen Herzogs so beschaffen, dass sie auch weiterhin jedem Künstler die lockendsten Aussichten eröffnen konnte. Seine Liebe zur Kunst war vielleicht noch selbständiger, gebildeter und thatenlustiger als die seines Vorgängers. Während dabei Württemberg sich politischer und konfessioneller Ruhe erfreute, tobte im Elsass ein Religionskrieg, der, in allem ein Vorspiel zum dreissigjährigen Kriege, das Land an den Rand des Verderbens brachte. Die bischöfliche oder lothringische Fehde von 1592—1604, die entbrannt war durch die Doppelwahl des Strassburger Bischofs, hob alle die Bedingungen wieder auf, unter denen in Strassburg zwei Jahrzehnte lang Kunst und Wissenschaft geblüht hatten. Trotz alledem zog Dietterlin wieder nach Strassburg. Ein Ehrenkleid war das letzte Zeichen der Anerkennung, die seine Kunst in der Fremde erworben hatte.

In der That hat ihm Strassburg für den Rest seines Lebens keine grössere Aufgabe mehr gestellt, ihm so wenig wie anderen. Nur ein kleines, aber hübsches Treppenhaus im ehemaligen Sturmischen Hof in der Brandgasse, das laut Inschrift 1597 von Hans Fraueler aufgeführt wurde, zeigte — mir noch kurz vor ihrem gewissenlos besorgten Untergange sichtbar — Malereien, die Dietterlin zugeschrieben wurden[69]. Grau gemalt und weiss gehöht, erschienen die paar Umrahmungen der Fenster und Thüren auch wirklich wie aus seinem Formenschatz entnommen. Vielleicht entsprach der Mangel öffentlicher Beschäftigung damals ganz seinem Wunsche. Er hatte es versprochen und es lag ihm etwas daran, die Kupferbeilagen zu seiner Architectura noch um verschiedene Stoffgruppen zu vermehren. Zeitweis mag er ganz in dieser häuslichen Thätigkeit aufgegangen sein. Sicher war er sehr fleissig gewesen, wenn er schon 1594 den ersten Ergänzungsband bei Jobins Erben in Strassburg drucken liess. Dieser offenbarte in vielen Entwürfen, wie er sich die Anwendung der fünf Säulenarten an Portalen und Thürgerichten dachte. Er wurde dem Markgrafen Ernst Friedrich von Baden gewidmet, nicht auf Grund persönlicher Bekanntschaft, sondern aus Hochachtung vor dessen Kunstsinn. Nicht so schnell folgten die abschliessenden Hefte dieses Werkes mit ihren Zeichnungen für Fenster, Kamine, Brunnen und Epitaphien. Sie erschienen erst mit den jetzt noch einmal aufgelegten früheren Teilen vereinigt 1598 bei Balthasar Caymocx in Nürnberg. Ihre Herstellung war Dietterlin durch Krankheit erschwert worden.

Er selbst klagt darüber in der am 15. Februar 1598 zu Strassburg geschriebenen Vorrede: „Dann sintemal ich vor etlichen Jahren, nachdem ich mit meiner damals habenden Arbeit an dem fürstlichen Würtembergischen Lusthause zu Stuttgarten fertig geworden, die Architektur der fünff Seulen zu beschreiben angefangen, auch bereit zween theil desselbigen in Truck gefertigt, hab ich ungeacht meiner inmittelst zugestandener beschwerlichen unnd bis dahero erstandenen Leibsschwachheit, soviel mir möglich sein mögen, solches zu ende zu bringen, mich kein arbeit, mühe und unkosten hindern noch dauren lassen. Welches dann, dem Allmächtigen sey lob und danck, nunmehr vollendet." Man erkennt aus diesen schlichten Worten, wie ihm diese Arbeit zur Herzenssache geworden war.

In demselben Widmungsschreiben, woraus die eben angeführten Worte entnommen sind, lernen wir wieder einen neuen Gönner Dietterlins kennen: Es wird nämlich gerichtet an Daniel Soriau. Sandrart erzählt von diesem [70]): Er sei zuerst ein Kaufmann in seinem welschniederländischen Vaterlande gewesen, habe das aber des spanischen Kriegs halber verlassen müssen. In seinen alten Tagen zur Kunst übergegangen, sei er in der (von 1597 ab durch Wallonen angelegten [71]) Hanauer Neustadt als Baumeister an Kirchen, Häusern, Pforten und Wällen thätig gewesen. Dazu habe er als Maler grosse Figuren, „Contrafäte" und stillstehende Sachen gebildet, worin er starken „Progress" gemacht haben würde, sofern ihn der Tod nicht übereilet hätte. Bei Dietterlin erscheint er ebenso wie einst Schlossberger noch ganz als Liebhaberkünstler, dessen Leistungen aber selbst dem Fachmann Achtung eingeflösst haben. Er war damals erst kurze Zeit mit Dietterlin bekannt und lebte mit seiner Familie, wenn nicht alles trügt, noch nicht in Hanau, sondern in Strassburg, der Zufluchtsstätte für Glaubensflüchtige aus allen Ländern. Möglicherweise verdankte er auch Dietterlins Empfehlung seinen späteren Schüler, den aus Strassburg gebürtigen Sebastian Stosskopf, denselben, von dem wir früher einige Stillleben im Neuenbau kennen gelernt haben. Er war schon tot, als Sandrart bei diesem Stosskopf in Hanau den ersten Zeichenunterricht empfing.

Die Architektura war Dietterlins letztes Werk. Neben der Fülle von Radierungen, die sie umschliesst, spielt die Zahl der Blätter, die

sonst noch in seine letzten Lebensjahre fallen oder fallen können, nur
eine untergeordnete Rolle. Die von ihm schon seit geraumer Zeit
bitter empfundenen „Tag seiner Walfahrt in diesem ellenden trüb-
seligen irrgenglichen Leben" sollten ihn nicht lange mehr quälen. Er
starb schon 1599 in seinem neunundvierzigsten Lebensjahre. Erst
fünf Jahre zuvor hatte ihn seine Frau Katharina noch mit einer Tochter
beschenkt, die den Namen Rosina empfing. Ausser diesem Mädchen
hinterliess er, wenn wir nur sicher Bezeugtes anführen, zwei Söhne. Der
eine. Hilarius, hatte das Gewerbe des Vaters ergriffen. Er wird deshalb
der Sohn gewesen sein, der mit im Stuttgarter Lusthaus gemalt hatte.
Der andere, wahrscheinlich jüngere Sohn, wieder Wendling geheissen,
war Goldschmied geworden. Beide waren beim Tode ihres Vaters
noch unvermählt. Ihr Familienname war nicht mehr Grapp, sondern
Dietterlin [72]).

Die Möglichkeit, uns eine Vorstellung von Dietterlins äusserer
Erscheinung zu machen, ist uns gegeben durch ein bald nach seinem
Ableben veröffentlichtes Bildnisblatt, dessen Umschrift wir daher auch
die Kenntnis seines Todesjahres und Alters verdanken [73]). Es zeigt ihn
vermutlich in seinen letzten Jahren. Die Magerkeit des Gesichtes
fände dann in seinem Leiden eine Erklärung. Sonst vereinigen sich
noch die gewölbte Stirn, die grossen Augen und die scharfe Nase zu
dem Ausdruck einer regen und zielbewussten Geisteskraft. Der lang
ausgezogene Schnurrbart und die gekräuselte Tolle bei sonst kurzer
und glatter Behaarung lassen auf Sinn für flottes Auftreten schliessen.
Aber doch bleibt alles auf einem ernsten ruhigen Ton gestimmt, so
dass man wohl die Biederkeit, die Schickhardt an seinem Freunde
hervorhob, darin bestätigt sehen kann. Was wir urkundlich über
seine Denkart wissen, beschränkt sich auf seine künstlerische Selbst-
abschätzung. Dietterlin war wie jeder tüchtige Mensch, ehrgeizig. Den
Auftrag in Stuttgart übernahm er „nicht allein um Geld zu verdienen,
sondern vil mehr um einen Ruem und Lob zu erlangen". Des hohen
Masses seiner Befähigung war er sich vollauf bewusst, er wollte nicht
mit Kleineren gleichgestellt werden. Ruhmredigkeit aber war ihm
zuwider. Auch nahm er die Anerkennung für seine Leistungen nicht
als selbstverständlich hin, sondern zeigte dafür ein dankbares Gemüt
gegen die Menschen wie gegen Gott. Vor grösserem Verdienste beugte

er sich neidlos und überhob sich selbst da nicht als Künstler und Fachmann, wo er brave Arbeiten von Liebhabern sah. Seine Sprache ist immer herzlich und würdig, seine Schrift fest und klar. Die Herausgabe der Architektura giebt seinem Wirken einen lehrhaften Anstrich, die dafür zu verlangende Bildung scheint er besessen zu haben, mindestens verstand er Latein.

5.

Das Buch von der Architectura.

a) Lehrhafter Teil.

Wenn es von jetzt ab versucht werden soll, dem Lebensbilde Wendel Dietterlins, das bis hierher nur mit solchen Zügen ausgestattet worden ist, wie sie die alten Zeugnisse in Druck und Schrift hergeben, durch Beleuchtung seiner noch heute erhaltenen Schöpfungen erst die volle Abrundung und die rechte Anschaulichkeit zu geben, so empfiehlt sich kein anderer Anfang so sehr wie sein Buch von der Architectura. Denn dieses ist das am sichersten beglaubigte, das mannigfaltigste und reifste, endlich das heute berühmteste und am leichtesten zugängliche unter allen seinen Werken.

Mit dessen Herausgabe that Dietterlin einen Schritt, den nicht viele Künstler gethan haben. Er trat aus seiner Werkstatt, wo er nur sich zu Nutz und Ruhm und nur seinen Gehilfen mit Absicht zum Vorbild wirken konnte, heraus und machte sich zum Lehrer der Öffentlichkeit. Wie er dazu veranlasst wurde und was er damit bezweckte, enthüllen seine eigenen Vorbemerkungen. Sein Wille war nicht, ein fachmännisches Lehrbuch der Baukunst zu schreiben. Dazu hätte er Architekt gewesen sein müssen, was ihm, wenigstens bis jetzt, alle unsere Erfahrungen bestritten haben. Wenn er sich aber beschränkte eine Anweisung zu geben, wie man einzelne Architekturteile regelrecht ausstatten sollte, so war er dazu immerhin schon als Maler berechtigt, wofern er nur die Grundbegriffe der schwesterlichen Baukunst kannte. Denn, haben schon zu allen Zeiten einzelne

Architekturteile ausser den Bau- und Werkmeistern Maler, Bildhauer, Steinmetzen, Schreiner und Erzgiesser verwertet, so geschah dies nie allgemeiner als gerade zu Dietterlins Zeit. An alle diese verwandten Gewerbe wendet er sich darum auch in seinem Unterricht. Das, was er nun von den Grundbegriffen der Baukunst für genügend hält, um in deren Arbeiten nach seinem Wunsche eine einheitliche Formensprache, einen Stil zu bringen, ist ihm das aus der Antike abgeleitete Gesetz von der Vermessung, Verwendung und Verzierung der fünf Säulenordnungen, der toskanischen, dorischen, ionischen, korinthischen und compositen. Freilich war diese Forderung für Dietterlins Zeit nicht neu, sie war seit Jahren schon oft gestellt, erläutert und befolgt worden. Dietterlin befriedigte aber weder die Art ihrer bisherigen Auslegung noch die danach entstandenen Werke. Den Unterricht hielt er für zu schwer und deshalb abstossend, die Leistungen für infolgedessen zu willkürlich und stillos. So fühlte er sich denn gezwungen, seine Auffassung von dem rechten Gebrauch der fünf Säulenordnungen an mancherlei Bauteilen nicht bloss durch eine Vorbildersammlung zu lehren, sondern auch die alte hierbei zu Grunde liegende Theorie in neuer, leicht begreiflicher Gestalt zu wiederholen.

Vor seinem Geiste stand von Anfang an das Werk in seinem letzten wirklichen Umfange da, für die Herausgabe aber hat er seine Arbeit folgendermassen verteilt: Das 1593 in Stuttgart erschienene, ausdrücklich so bezeichnete erste Buch enthält in Wort und Bild seine Lehre von der Austeilung der fünf Säulen, dazu für jede Gattung einige Vorlagen für die Verzierung dieser selbst und der mit ihnen verbundenen oder ihnen ähnlichen Stücke, wie Gebälke, Pfeiler, Kragsteine u. s. w. Den Schluss bilden einige Beispiele von Flächenbelebung durch Cartouchen und Grottesken, endlich giebt eine Doppeltafel den Aufriss eines Gebäudes, an dem alle fünf Säulenarten über einander geordnet sind. Im ganzen sind es ausser dem Texte etwa 40 Kupfertafeln. Der zweite 1594 in Strassburg gedruckte Teil umfasst eine Seite mit Beschreibung der Austeilung von Thüren. Dann folgt für jede Säulenordnung eine ungleiche Zahl von Entwürfen für Portale, denen jedesmal 2 Blätter mit Monumentalwappen angefügt sind. Nur im letzten dieser Paare ist das zweite Blatt wieder zu einer Art Portal verwendet. Es zeigt den Eingang in ein Beinhaus und

schliesst das ganze Werk wie mit einem bedeutsamen Memento mori
ab. Diesmal sind es insgesamt 50 Tafeln, wovon 5, die die Austeilung
der Säulen verzeichnen, aus den früheren Teilen wiederholt worden
sind. Die Nürnberger dritte Ausgabe von 1598 endlich vereinigt noch
einmal alles, was die beiden ersten enthalten haben, und ergänzt
diesen Bestand durch eine grosse Menge von Rissen zu Fenstern,
Kaminen, Brunnen und Epitaphien. Hiermit hat Dietterlins Werk
die stattliche Anzahl von 209 Blättern erreicht, bei deren Bezifferung
diesmal allerdings die Textseiten mitgezählt sind.

Der Herausgeber muss von vornherein auf eine grosse Verbreitung seiner Arbeiten selbst im Auslande gerechnet haben, denn von
allen drei Büchern erschienen zu gleicher Zeit neben den deutschen auch
französische und lateinische Ausgaben. Dass mindestens in Deutschland die Nachfrage unerwartet gross und nachhaltig gewesen ist, beweist der 1655 notwendig gewordene Neudruck der Ausgabe von
1598 bei Paulus Fuerst in Nürnberg. Trotzdem gehört das Werk
heute zu den grössten Seltenheiten im Kunsthandel. Man hat es deshalb unternommen, es von neuem Kunstliebhabern und Kunstbeflissenen zugänglich zu machen. Leider wird aber diese seit 1862 bei
Carl Claesen in Lüttich durch Steindruck hergestellte neue Ausgabe
in Zeichnung und Schattierung so wenig ihrer Vorlage gerecht, dass
man nur davor warnen kann, sich daraus mehr als eine oberfläch-
liche Vorstellung von Dietterlins wahrer Mache zu bilden. Auch im
Texte fehlt es nicht an Druckfehlern [14]. Hiergegen sind die Wiedergaben einzelner Blätter in Hirths Formenschatz der Renaissance viel
treuer. Zu guter Letzt sei erwähnt, dass wir zu der grösseren Hälfte
der in der Architectura enthaltenen Radierungen Dietterlins eigene
Handzeichnungen in einem Bande der Bibliothek der königl. Akademie
der Künste zu Dresden besitzen [75].

Diese Vorbemerkungen über die äussere Form der Veröffent-
lichung mussten erledigt sein, ehe die Betrachtung des schliesslichen
Inhalts des Ganzen beginnt. Beim Eintritt in diese sondert sich natürlich
sofort als ein in sich geschlossener Teil die eigentliche Theorie ab. Sie umfasst alles, was ausser den Vorworten Text ist und alle die Kupfertafeln, die mit einer geometrischen Lehrzeichnung versehen sind.
Stellt man sich diese, in der eigentümlichen Anordnung des Dietter-

linschen Werkes örtlich vielfach zerstreuten Bestandteile im Geiste zusammen, so ergiebt sich folgende Anlage: Vorausgeschickt wird eine ganz kurze Verständigung über die Namen der einfachsten geometrischen Linien und Flächen und der einzelnen Teile an einem Gesims, dazu ein knapper Unterricht in der Art und Weise, Gebälkstücke und Säulen in der Zeichnung zu vergrössern (ed. 1598 Bl. 3 b u. 4). Daran reiht sich als Hauptstück die eigentliche Lehre von der Austeilung, Symmetria und Proportion der fünf Säulen, so angeordnet, dass der zahlenmässigen Vermessung jeder Säule eine bündige Einleitung über die Sage ihrer Erfindung und über ihre ästhetische Geltung vorausgeht (Bl. 5—8, 10, 45—46, 94—95, 135—136, 139—140, 175—177). Den Schluss bildet eine Anleitung zum Finden der rechten Massverhältnisse an einem Thürgerüst (Bl. 23).

Der Grundsatz von Dietterlins Lehrweise ist Verbindung begrifflicher Darstellung in Worten mit sinnlicher Anschauung in Bildern. Beides gelingt ihm im einzelnen gut. Seine Sätze sind fasslich und seine Aufrisse klar. Leider aber deckt sich nicht dauernd das eine mit dem anderen. Denn es ist auffällig, wie Dietterlin, je weiter er in der Arbeit fortschreitet, um so mehr an Worten spart und bloss auf die Zeichnungen verweist. Dieser Mangel an Erläuterung wird da um so fühlbarer, wo sich zwei Zeichnungen für dieselbe Aufgabe widersprechen, z. B. auf Bl. 6 und Bl. 10, wo erstens auf grundverschiedene Weisen die Verjüngung des Schaftes bestimmt wird, dann das tuskanische Kapitäl einmal in 2, dann in 3 Abschnitte aufgeteilt wird. Auf diese zweiten Lösungen macht er auch nicht mit einem Worte aufmerksam. So aber sollte man nicht Anfänger, wie er sich seine Schüler vorstellte, belehren. Verwirrt er sie in diesen Fällen durch eine doppelte Antwort, so bleibt er ihnen in anderen selbst die einfache, wo sie dringend erbeten wird, ganz schuldig. So lehrt z. B. keine Silbe und kein Strich die schulmässige Herstellung der Voluten an der ionischen Säule. Auf seinen methodischen Wert hin geprüft, bleibt deshalb der theoretische Teil von Dietterlins Architectura nicht ohne Tadel. Untersuchen wir erst noch seine wissenschaftliche Bedeutung, ehe wir das Endurteil fällen.

Als das unverrückbare Fundament alles Bauunterrichts gilt Dietterlin das klassische Buch des Marcus Vitruvius. Vor dessen Namen beugt er sich in tiefster Ehrfurcht[76]), und in der That steht sein Werk in seinem wesentlichsten Inhalt auf dem Boden vitruvianischer Lehre. Aber freilich mehr als die Grundzüge für die Behandlung seines Stoffes hat der Deutsche nicht mit dem Römer gemein. Ein Vergleich der Ausführungen beider lehrt bald, dass der Wissensvorrat und der Anschauungskreis, aus welchem Dietterlin schöpft, gegenüber dem von Vitruv gebotenen bedeutend verändert und erweitert ist. So kennt Dietterlin nicht mehr wie Vitruv nur 4, sondern 5 Säulenordnungen, für ihn hat jede Säule als notwendigen Bestandteil nicht nur eine Basis, sondern gar auch ein Postament bekommen. Seine Säulen sind eben nicht mehr die der Antike, sondern die der Renaissance. den Vitruv hat er nicht in der Urschrift, sondern in einer modernen Bearbeitung benutzt. Von wem diese abgefasst war, sagt er selbst an keinem Ort, dass er aber Vorgänger hat, kennt und achtet, giebt er reichlich oft zu. Indem er nun unter diesen vitruvianischen Theoretikern der Vorzeit mit besonders stolzem Vaterlandsgefühl die Deutschen rühmend hervorhebt, legt er es uns nahe, an erster Stelle unter diesen die Quellen seines Buches zu suchen. Leider aber ist unsere Kenntnis dieser Schriftgattung immer noch von dürftigster Art. Von Zahn[77]) hat zwar die Lücke empfunden, aber selbst nicht ausgefüllt, Lübke[78]) hat das beiläufig versucht, ist aber nicht genügend tief gedrungen. Die für die Behandlung dieser Frage zu benutzenden alten Bücher sind heute ausserordentlich selten. Ihre Sammlung und Sichtung würde eine eigene Arbeit lohnen[79]). Ich habe nur das genauer berücksichtigt, was für meinen Zweck, für die Einordnung Dietterlins unter die Vertreter deutscher Fachwissenschaft beträchtlich zu sein schien. Selbst dabei sind mir nicht alle begehrten Hilfsmittel zugänglich geworden.

Wie die Durchforschung und die Ergänzung der Lehren Vitruvs in Italien begonnen und weitergeführt worden ist, hat Burckhardt im IV. Kapitel seiner Geschichte der Renaissance in Italien ausführlich geschildert. Der erste von den vielen dort genannten Bearbeitern des Vitruv, der in einer deutschen Übersetzung in unserem Heimatlande bekannt wurde, war Sebastian Serlio. Von ihm erschien der Teil seiner berühmten Architekturlehre, der uns allein angeht, weil er über die 5 Säulenordnungen handelt — es ist das vierte Buch —

im Jahre 1537 zu Venedig[80]). Als eine Übersetzung hiervon geben
sich ausdrücklich aus die 1539 von dem Niederländer Pieter Koek
van Aelst verfassten Generale Regelen der Architecture op de vyve
manieren van edificien, te weten, Tuscana, Dorica, Ionica, Corinthia,
ende Composita met den Exemplen der Antiquiteiten, die in't
meestendeel concordeeren met de leeringhe van Vitruvie[81]). Hiervon
wieder erschien eine hochdeutsche Ausgabe aus der Feder Jacob
Rechlingers in Augsburg 1542[82]). Dies ist der Weg, auf dem Serlio
zu den Deutschen kam und sie zum erstenmal im eigenen Hause
die der strengen Antike nahe stehenden Formen der italienischen
Hochrenaissance lehrte. Dieses Verdienst um die deutsche Kunst,
denn sie fing alsbald an, die bisher übliche Kandelaberform der
Säulen zu verlassen und Serlios Vorschriften werkthätig zu befolgen,
erkannte man sofort an ihm an. Denn es kann nicht gut etwas
anderes als das Ereignis der Rechlingerschen Übersetzung Serlios von
1542 gemeint sein, wenn 1550 ein deutscher Künstler sagt: „Es ist
auch diese art (die folkomne wüssenschaft der fünf Columnen oder
Säulen) zu Rom, Venedig und ganz Italia gebraucht worden aber erst
innerhalb acht jahren in Teutschland kommen.“

Diese Vermutung wird um so annehmbarer, als der Schreiber
dieser Worte, der Steinmetz Hans Blum aus Lohr am Main in seiner
„kunstmässigen Beschreibung von dem Gebrauch der fünf Säulen“
sich selbst als den treuesten Anhänger Serlios zeigt. Wahrscheinlich
ist er diesem eben durch Rechlingers Vermittlung zugeführt worden.
Sein Werk, das in seinem ersten 1550 bei Froschauer in Zürich gedruckten Teile in so ausgiebiger Weise die Vermessung der 5 Säulen
lehrt, dass er mit Recht behaupten kann, „also, dass auch nicht ein
strichlein ist, das seine rechte Simmetrey und Teilung nicht habe“,
wurde nachgehends ergänzt durch noch genauere Aufreissung einzelner Architekturstücke wie Kapitäle, Gesimse u. s. w. und endlich durch
„unterschidliche Contrafacturen viler alter und schöner Gebäuen“,
alle nach besten italienischen Mustern in Holz geschnitten von R. und
J. Wyssembach[83]). Für den Text ist, wie gesagt, Serlio seine vornehmste Quelle, aber nebenbei hat er noch einen anderen Schriftsteller benutzt. Die Vorrede des ersten Buches mit ihren Bemerkungen allgemeiner Art über die fünf Säulen ist abgesehen von einigen

eigenen Zuthaten wörtlich aus der bekannten Nürnberger Vitruv-
übersetzung des Walter Rivius von 1548 entnommen. So vereinigen
sich also in ihm die beiden Hauptwege, auf denen die Kenntnis
Vitruvs nach Deutschland drang, der über Serlio, Kock und Rech-
linger und der über Cesariano und Rivius. Das Blumsche Buch muss
viel verlangt worden sein, denn es erlebte zahlreiche Auflagen und
Übersetzungen in mancherlei Sprachen. Ich kenne Ausgaben von 1550,
1567, 1572, 1596, 1608, 1623, 1627, 1641, 1655, 1662. Schon hier-
durch allein erweist es sich als eines der am meisten gebrauchten
Unterrichtsbücher der nordischen Renaissance und verdient als solches
von der heutigen Forschung mehr Beachtung als es bis jetzt gefunden
hat. Seine Lehren sind nicht blos den ausübenden Künstlern zu gute
gekommen, sie haben auch wieder andere Theoretiker angeregt. Dem
berühmten französischen Bauzeichner und Ornamentstecher Jacques
Androuet Du Cerceau haben sie zweimal zum Muster gedient[84]), der
erste holländische Lehrer der Baukunst und Perspektive Jan Vredeman de Vries hat sie beachtet[85]), und der späte vitruvianische Architekt und Schreinermeister Rutger Kaessmann von Coeln beruft
sich auf sie[86]).

Wenn es zu beweisen gilt, dass Blums Buch für das Dietterlins
eine Quelle war, so genügt es nicht, eine mehr oder weniger grosse
Übereinstimmung beider aufzudecken, vielmehr muss in mindestens
einem Falle die Übereinstimmung als eine nur diesen beiden allein
eigene hingestellt werden können. Seiner ausschlaggebenden Wichtig-
keit wegen thue ich gleich das letztere. Inhalt und Wortlaut der
von Dietterlin auf den Blättern 5a, 45a, 94a, 135a, 175a gegebenen
allgemeinen Bemerkungen — sie enthalten die bekannten vitruvianischen Fabeln von der Erfindung der verschiedenen Säulen und einen
Vergleich derselben mit gewissen Menschenklassen, wie Bauer, Krieger,
Jungfrau u. s. w. — stimmen in augenfälliger Weise mit Blums entsprechenden, teils in der Vorrede vereinigten, teils sonst im Bande
zerstreuten Äusserungen überein. Nun aber haben wir schon früher
betont, dass gerade diese Teile von Blum wiederum aus dem ersten
Verdeutscher Vitruvs, aus Rivius entlehnt sind. Könnte nicht also
Rivius als gemeinsame Quelle die Übereinstimmung von Blum und
Dietterlin erklären? — Zur Entscheidung dieser Frage vergleiche man

genau Dietterlin zugleich mit Blum und mit Rivius. Das Ergebnis wird sein, dass alles, was Dietterlin mit Rivius gemein hat, in jeder Hinsicht ebenso bei Blum steht, dass Dietterlin aber noch manches dazu giebt, was nur Blum, nicht Rivius mit ihm gemein hat. Rivius kennt z. B. nicht den von Blum und Dietterlin angenommenen köstlichen Satz, dass die tuskanische Säule ihren Namen von dem „Riesen Tuskano, der ein Vater aller Deutschen gewesen sei", empfangen habe, er nennt auch dieselbe nicht, wie die beiden anderen thun, „das bäurische Werk". Rivius ehrt nicht wie Blum und Dietterlin weder den Erfinder der dorischen Ordnung Dorus mit den Beiworten Fürst und Held, noch den Urheber des korinthischen Kapitäls Callimachus mit dem mittelalterlich-zünftlerischen Titel „Meister". Die Voluten der ionischen Säule umschreibt Rivius wohl wie Blum mit Wirbel, aber nicht wie Blum und Dietterlin mit dem Worte Schnörkel. Endlich kennt Rivius den Namen der fünften Säule Composita überhaupt nicht. So geringfügig auch diese Thatsachen an sich scheinen mögen, in unserem Beweise haben sie unbedingt die Kraft, für ihren Bereich eine Benutzung des Rivius statt oder neben Blum auszuschliessen. Ausser Rivius aber kann hier zu anderweitiger Erklärung der zwischen Blum und Dietterlin bestehenden sachlichen und wörtlichen Ähnlichkeit wegen mangelnden Daseins kein Dritter in Betracht kommen.

Die Thatsache der Ausbeutung Blums durch Dietterlin steht also fest. Auch ihr Mass lässt sich bestimmen, es ist sehr hoch. Denn fast durch das ganze Werk des letzteren hin verteilen sich die unabweisbaren Kennzeichen seiner Abhängigkeit von dem ersteren. Als solche Merkmale führe ich an: den nur bei Blum und Dietterlin vorkommenden Grundsatz, die Säule nicht nur samt Basis und Kapitäl, sondern auch samt Postament und Gebälk als ein einziges Ganze zu fassen; ich verweise ferner auf ihre gleiche Gewohnheit, die Masseinheiten in der Zeichnung durch Kreise kenntlich zu machen, auf gewisse, nicht zufällig bei beiden an derselben Stelle des Bildes angebrachte Einzelheiten, z. B. den Querschnitt des ionischen Kapitäls über dem System dieser Säule, auf die durchgängige Gleichheit der Kunstausdrücke u. s. w. Selbst unter den Abweichungen des einen vom andern kann man, wenn man will, einen Teil zur Bestätigung des durch die Übereinstimmungen erwiesenen Verhältnisses beider zu einander verwenden.

Es ist nämlich, zwar durchaus nicht die Gesamtheit, wohl aber eine beträchtliche Minderheit der die Massverhältnisse der Säulenstücke bezeichnenden Zahlen, welche bei Dietterlin anders lauten als bei Blum. Hier nun lässt sich ohne Zwang die grössere Menge der Fälle so erklären, dass doch Blums Angaben der Ausgangspunkt bleiben, von wo aus Dietterlin in seinem zugestandenen Bestreben, den Lernstoff kleiner, einfacher, fasslicher, anziehender zu gestalten, seine ihm dafür zweckmässig erscheinenden Änderungen, meist blosse Minderungen gemacht hat.

Sonst stellen an uns die Abweichungen, sowie die stofflichen Überschüsse, welche Dietterlin von Blum unterscheiden, aufs neue die Frage: Haben wir sie als eigenes Geistesgut Dietterlins anzusprechen oder ist auch für sie wieder eine Quelle, eine andere als Blum nachweisbar? Sicher entlehnt und zwar aus einer bekannten Quelle entlehnt ist die von Dietterlin auf Blatt 8 C nur durch eine Zeichnung angedeutete eigenartige Weise, das Zierwerk des Säulenschaftes so an ihm zu verteilen, dass es auf dem Wege von unten nach oben immer mehr an Dichtigkeit einbüsst. Es kann gar nicht bezweifelt werden, dass der hierbei zu Grunde liegende gute Gedanke, ebenso wie die zu seiner Verwirklichung dienende Hilfskonstruktion des sechzehnmal geteilten Winkels auf Dürer zurückgehen. Dürers theoretische Bücher galten allen, die nach ihm ähnliche Stoffe behandelten, sie mochten einer Nation angehören, welcher sie wollten, als nicht zu übersehende Vorarbeiten. Bis ins siebzehnte Jahrhundert hinein findet man ihn bei solchen mit Lob erwähnt [87]). Die für unsern einen Fall in Betracht kommenden Dürerschen Ausführungen finden sich im dritten Buche seiner 1525 zu Nürnberg gedruckten „Unterweisung der Messung mit dem Zirkel und Richtscheit" und bestehen dort in den Abbildungen 5 und 7 und dem Textblatte G, 3b. Ebenda giebt Blatt G, 5b (Abb. 7) das Vorbild ab für Dietterlins zweite Herstellungsweise des Säulenbauches (Diett. Blatt 8. B Text 7b) und das folgende Blatt G 6a für dessen ohne Zusammenhang, ja im Widerspruch mit seiner eigenen späteren Befolgung (vgl. Blatt 94b, Mitte) empfohlene zweiunddreissigfache Einteilung des Schaftes zum Zwecke der Kannelierung. Vielleicht ist auch von Dürer der erste Anfang von Dietterlins auf Bl. 3b und 4 gegebenem Unterricht von den Namen der Linien und Flächen angeregt worden.

Wieder an einen Vitruvianer, ich weiss nur nicht gerade an welchen, schliesst er sich in dem zuletzt veröffentlichten Stück seiner Theorie, in dem „Underricht zu ausstheilung der Portalen" an. Die hier gegebene Zeichnung des mannigfach geteilten Vierecks ist geradezu Gemeingut aller späteren Renaissancetheoretiker. Mit der Annahme der Allgemeingültigkeit dieser Konstruktion für Portale aller Ordnungen steht Dietterlin aber einem Serlio näher als etwa einem Rivius[88]). Serlio oder ein ihm folgender würde auch den bei Rivius fehlenden eingeschriebenen Kreis des Quadrates geboten haben können[89]). Ebenso herrscht eine Beziehung zu einer Zeichnung Serlios in Dietterlins Figur 4 T.[90]).

Angenommen nun, für den Rest, der nach dieser Aussonderung sicher fremden Gutes übrig geblieben ist, liesse sich wirklich nicht auch noch der Nachweis des Entlehntseins führen, so ist er doch an Grösse so gering und an Wert so unbedeutend, dass seine Originalität Dietterlin keine Ehre bringt. Die paar vereinfachten Massverhältnisse, die neben der gewöhnlichen Dreiteilung vorgeschlagene Zweiteilung des tuskanischen Kapitäls und ähnliches sind keine Thaten, die die Wissenschaft von den fünf Säulen gefördert haben. Im Gegenteil, wenn man sich ansieht, mit welcher Oberflächlichkeit er die Schwierigkeiten seiner Muster teils umgangen, teils beseitigt, bisweilen auch missverstanden hat, was alles besonders bei der ersten Art, den Säulenbauch herzustellen und in der dunklen Lehre von der Vergrösserung eines Gesimses auffällt[91]), so kommt man zu dem Urteil, dass wissenschaftlich Dietterlins Arbeit gegen frühere sogar einen Rückschritt bedeutet. Bedenkt man aber noch einmal, dass Dietterlin nicht Architekt, sondern Maler war, dass er für ungebildete Anfänger und ungeschulte Liebhaber schrieb, dass er gar nicht den Anspruch machte, seine Muster zu erreichen, geschweige denn zu übertreffen, so wird man ihm nicht nur die meisten der gerügten Mängel verzeihen, sondern sogar zugeben müssen, dass er doch — mag er sich auch öfter in den Mitteln vergriffen haben — seinen Zweck erreicht hat. Nach seinen Angaben, zumal den Zeichnungen, liessen sich immerhin Säulengebilde herstellen, die trotz der Äusserlichkeit des angewandten Verfahrens in ihrem Ergebnis den innerlich mehr durchdachten Gestaltungen der klassisch gebildeten Architekten des Zeitalters zum Verwechseln ähnlich sahen.

6.

Das Buch von der Architectura.

b) Künstlerischer Teil.

Ebenso wie die Herstellung war die Verwertung der fünf Säulenordnungen lange und oft vor Dietterlin in Lehre und Übung geregelt worden. Sie bestimmte sich eigentlich von selbst durch das verschiedene Gepräge der Säulen. Wohl am ausführlichsten hat die hierüber herrschenden Anschauungen und Gewohnheiten seiner Zeit Serlio in Worte gefasst. Bei ihm lesen wir zuerst die nachher allgemein gültige Rangfolge, die, das Mass der Stärke zu Grunde legend, die Ordnungen so aneinander reiht, dass erst die toskanische, dann die dorische, ionische, korinthische, composite folgt. Seine Vorschriften für die Benutzung der Säulen mögen nur wenige Sätze kennzeichnen. Er sagt z. B.: Die Thuskana wird stark, grob und bäurisch gemacht, daher sie auch an starke Gebäude gehört als grosse Thore und Pforten der Städte, an Castelle, Schlösser, Festungen, Zeughäuser, Meerhafen und alle Gebäude, so zu Kriegsmunitionen gehören." Weiterhin von der Corinthia: „Ihr Gebrauch mag sein an Tempeln zu Ehren der heiligen Jungfrau Maria oder anderen Heiligen jungfräulichen Standes gebaut, auch an Häusern, Begräbnissen oder Epitaphien deren, so ein heilig und ehrlich Leben geführet." — Wünschte man an einem einzigen Gebäude mehrere Ordnungen anzuwenden, so müsste natürlich immer die stärkere die nächst schwächere tragen, so wie es schon die Römer am Kolosseum gehalten hätten.

Auch die Verzierung, die man an den Säulen selbst und in ihrer Umgebung anbrachte, ein Bestandteil, den gegenüber der Antike erst die Renaissance und zwar hier die nordische noch mehr als die des Südens mit besonderer Vorliebe pflegte und ausarbeitete, richtete sich ganz nach der Eigenart der Säulen. Mit den kräftigen Säulen verband man derben, mit den feinen Säulen zarten Schmuck. Was man dabei dem Altertum entlehnen konnte, die Kannelüren, Triglyphen, Eierstäbe, Mäander, Zahnschnitte, Flachgiebel, Karyatiden, Rosetten, Konsolen u. s. w. übernahm man alles, benutzte oder erfand aber noch viel Neues dazu, worunter das wichtigste ist die Rustika, die Masken, die Cartouchen, die Hermen, die Festons, die Voluten, Obelisken und anderes mehr. Auch hierin fügt Dietterlin dem Gemeingut seiner Zeit und seines Stammes nichts dem Wesen nach Neues hinzu. Ja selbst damit ist er nicht der erste, dass er sich einbildet, es liessen sich gar die fünf Säulenordnungen zu einem Einteilungsmittel für die Gesamtheit dieses Formenschatzes machen. Ähnlich nämlich, wie er glaubt, dass im Anschluss an je eine Säule sich eine Gruppe von Zierformen bilden liesse, die so innig und ausschliesslich zu einander passten, dass man aus ihnen rückwärts ihre Gruppe und Säulenordnung bestimmen könnte, auch wenn einmal die kennzeichnende Säule selbst nicht mit ihnen angebracht wäre, ist schon vor ihm Jan Vredeman de Vries verfahren. Dieser liess 1583 ein Bilderbuch erscheinen, worin er auf 20 Blättern Gartenanlagen zeichnet: ohne dass Architekturen dabei verwendet würden, mutet er einem zu, dass man aus der mehr oder weniger einfachen Verteilung und Gestaltung von Beeten und Wegen den Garten als einen von dorischer, ionischer, korinthischer Ordnung erkenne [92]).

Genau in dem Geiste, wie es Vredeman de Vries mit dem Garten gethan hat, beabsichtigt Dietterlin seine Fenster, Öfen, Thüren, Brunnen und Grabmäler als je eine Grundform durch alle fünf — wenn ich so sagen darf — Säulenstile abzuwandeln. In der Ausführung herrscht im grossen und ganzen allerdings von der Tuskana durch die anderen Ordnungen hindurch bis auf die Composita ein Übergang vom Derberen und Einfacheren zum Zarteren und Reicheren; wo mehrere Säulen übereinander gestellt sind, trägt immer die stärkere die nächst schwächere (Bl. 101, 143, 151, 187); wo es gilt das Thor eines Zeughauses darzustellen, wird, wenn auch nicht die Tuskana, so doch die Dorica angewendet (Bl. 73). Aber man würde irren, wenn man annehmen wollte, dass die Stilgerechtigkeit — im Sinne Dietterlins und der fünf Säulen gesprochen — auch nur annähernd vollkommen sei. Viele Blätter haben ihren Platz in ihrer Ordnung doch nur durch die darauf vorkommende Säule, nicht durch Mass und Art ihres sonstigen Zierats, und, wo die Säule fehlt, könnte man oft Blätter gerade so gut in einem anderen Teile des Buches unterbringen als in dem, wo sie stehen (z. B. Blatt 40, 41). Und nicht nur, dass eine grosse Menge der Zierformen unterschiedslos für alle Ordnungen verwendbar ist und verwendet wird, selbst die Formen, die durch Gesetz und Herkommen an eine bestimmte Ordnung gebunden sind, werden vertauscht. So wird gelegentlich mit der sonst nur für die Tuskana und allenfalls Dorica üblichen Rustika oder Bossquaderverzierung die Corinthia umkleidet (Bl. 153. 154), ionische Zahnschnitte werden dem dorischen Gebälk (Bl. 49), und umgekehrt dorische Tropfenleisten ionischen Baustücken zugeteilt (Bl. 99, 111). Also ist Dietterlin selbst dem Fehler nicht entgangen, den er an anderen Künstlern so hart rügt und dem er gerade hat abhelfen wollen, dass nämlich „ein jeder ihme selbs nach seinem gutbedunken mit Wunderbarlicher und Ubelstendiger Confusion und vermischung der unterschidnen Manier und Arten der fünff Seul und jeder derselbigen zugehörigen verzierung ein newe Manier fingiert und braucht hat." Wenn er es auch nicht selber zugiebt, er hat doch in Wahrheit schrankenlos über den ihm zu Gebote stehenden Schatz von Formen verfügt. Wir werden also gut thun, bei der künstlerischen Würdigung seine Blätter nicht in Hinsicht auf den fünffachen Säulenstil zu prüfen, sondern sie als Werke eines einheitlichen Renaissancestiles zu betrachten.

Was die Dekorationsweise Dietterlins vor der seiner Zeitgenossen auszeichnet, ist ein Unterschied nicht so sehr der Art als der Masse. Es ist bei ihm die gleiche Gattung von Ornamenten, derselbe bei ihrer Ausgestaltung massgebende Sinn für stark körperliche Wirkung und ähnliche Freude an ihrer reichlichen Verwendung, wie sie ganz allgemein am Ende des sechzehnten Jahrhunderts die Kunst in Deutschland und den Niederlanden liebt und womit diese allmählich dem Barock zusteuert. Dietterlin übertrifft nur jeden einzelnen Vertreter dieser Richtung in der Fülle von Formstücken, die er in seiner Phantasie allein vereinigt und in der Höhe, bis zu der er die Anhäufung derselben steigern kann. Es lässt sich gar nicht beschreiben, wie mannigfach und wie üppig er allein die rein baulichen Zierglieder zu stellen und zu gestalten weiss, wie sich da Verkröpfung vor Verkröpfung schiebt, wie die Kragsteine gedoppelt oder geteilt werden, wie die Pilaster hier ausladen und dort eingeschnürt sind, wie und wo Voluten eingeklemmt, angelehnt, balanciert werden, wie die Giebel unterbrochen, durcheinander gesteckt, geschweift und aufgerollt werden, und wie behängt und besetzt alles ist mit Zierschilden, Masken, Bändern, Buckeln, Schuppen, Zapfen und Tropfen, von allem Figürlichen und Vegetabilen ganz zu geschweigen. Mit einer entschiedenen Vorliebe für das Überladene verteilt Dietterlin nicht mehr seinen Schmuck, er packt und stülpt ihn geradezu aufeinander. Aber obgleich das fast auf jedem einzelnen Blatte geschieht, ja auf manchen Blättern zweifach, indem die beiden Hälften rechts und links verschieden aufgeputzt werden, so dauert es doch erstaunlich lange, ehe er sich ausgegeben hat. Wohl durch 200 Blätter hindurch hört er nicht auf, in Anordnung wie Auswahl der Motive immer wieder etwas Neues zu bringen. Nur ganz zuletzt in den himmelhohen Entwürfen für eine Eingangsseite einer Kirche (196—197) und ein hochaltarähnliches Grabdenkmal (202—203) versagt ihm die reine Renaissance, er weiss sich aber geistreich zu helfen, indem er eine Anleihe bei der spätesten Gotik macht und deren zierlich verschlungenes Rankenwerk mit Renaissancebauformen verbindet.

Ein Hauptmittel, seinen Formenvorrat zu bereichern, ist, dass er die verschiedensten Kunstbetriebe der einen Architektur zu dienen zwingt. Zwischen und auf die rein baulichen Zierglieder setzt er menschliche und tierische Freiskulpturen in grosser Zahl, glatte Wandflächen deckt er mit Historienmalerei (104, 146, 147), die Thore schliesst er entweder mit Holzthüren, deren Füllungen reiche Intarsien zeigen (77, 113, 114) oder er verstellt sie mit kunstvoll verschlungenen Eisengittern (15—17, 54, 68, 155, 159). Daneben lässt auch er, wie die ganze nordische Renaissance es liebt, ein Gewerbe mit dem anderen seine Formen tauschen. Bei ihm ist Stein der Stoff, in dem er sich zumeist seine Entwürfe ausgeführt denkt. In ihn hat er hundertmal das Blechwerk der Cartouche übertragen, überall stehen bei ihm Gefässe herum, die gewiss nicht der Töpfer selber liefern sollte, denn sie müssen manchmal schweres Steingebälk tragen (65, 103). Eine starke Zumutung für so schwache Formen! Aber darin geht er noch weiter, denn ein Tausendkünstler muss der Steinmetz sein, der wie ein Tapezier alle die freihängenden Kränze und Laubbüschel, die Bänder, Troddeln und Zapfen anbringen soll, ohne sie schon selber bei der Arbeit wieder abzubrechen. Hat man die Beispiele dafür einmal gesehen, so braucht man sich nicht mehr zu

wundern, wenn er wirklich, was zweifelhaft ist, auch die Herstellung
der meisten Brunnen, die vernünftigerweise nur aus Erz sein können,
vom Steinhauer fordern wollte. Sieht doch auch das sicher in Stein
gedachte Grabdenkmal eines auf einem Schiffe sitzenden, von der
Siegesgöttin gekrönten Admirals aus wie ein Tafelaufsatz von der
Hand eines Goldschmiedes (171). Eine solche Verkennung und Ver-
gewaltigung des Stoffes und der Technik hätte er sich aber nie zu
Schulden kommen lassen, wenn er wirklich, wie manche wollen,
ausgebildeter Architekt, Goldschmied und Bossierer gewesen wäre.
Nur auf Rechnung eines fessellos dichtenden Malergemüts sind solche
um Statik und dergleichen unbekümmerten Architekturen, wie sie
Dietterlin bietet, zu setzen.

Zu der verblüffenden Abwechslung, die Dietterlins Schöpfungen
eigen ist, trägt natürlich einen erheblichen Teil die vielfache Ein-
streuung figürlicher Darstellungen bei. Einige Blätter sind diesen
sogar fast ganz vorbehalten worden, so z. B. Blatt 32, wo sich in
einer wildzerklüfteten Quellgrotte ein verzweifeltes Ringen zwischen
vier wasserholenden Kriegern und einem Drachen abspielt. Selbstverständlich ist die Grotte künstlich gebildet, sonst hätte sie in der
Architectura keine Stelle und die Kampfscene ist in Stein als wasser-
speiende Brunnengruppe gedacht. Man liebte solche Wasserspiele mit
Mensch und Tier damals sehr, und Dietterlin hat ihnen in seinem
Buche einen grossen Platz eingeräumt. Besonders ähnlich dem oben
beschriebenen sind die Blätter 36, 81, 121, 161, wo je im Innern
eines Gebäudes ein Wasserbecken sich befindet, an dessen Rändern
und um dessen von einer Säule gebildete Mitte hart zwischen
Menschen, Hunden und jagdbarem Getiere gekämpft wird. Mit der
Stärke der Säulenordnungen muss natürlich die Gefährlichkeit der
Tiere sinken. Erst ist es ein Bär, dann ein Wildschwein, darauf ein
Hirsch und endlich ein Biber! In anderen Fällen ist die Figur mehr
der Architektur untergeordnet. Da findet man Menschen und Tiere
einzeln oder in Gruppen als Wappenhalter, als Gebälkträger, als Be-
krönungen von Ecken und Spitzen, auf die Seiten der Giebel gelagert
und in Nischen gestellt. Allegorie und Mythus, biblische Geschichte
und Legende haben herhalten müssen, um den Gestalten eine Bedeutung zu geben. In sehr sinniger Weise wird da am Rande eines

Brunnens ein Engel gebildet, wie er Hagar und dem verschmachtenden Ismael das Wasser zeigt (78), oder es sitzt Christus mit der Samariterin daran (117). Einen ebenso passenden Aufsatz für einen Kamin bildet Vulkan am Amboss schmiedend neben Venus und Amor (109), Neptun mit seinem Tritonengeschlecht auf einem Wasserthor (110), Diana und ihr Gerät für den Eingang eines Jagdschlosses (74), Bacchus über der Thür eines Weinkellers (29). An Grabdenkmälern bringt er gern Darstellungen aus der Leidensgeschichte Christi, die Kreuzigung (22, 127), die Nacht auf dem Ölberg (88), die Pietà (90) an. Auch sinnig, aber doch recht wunderlich und gewagt ist die humorvolle Ausstattung eines Kücheninneren, wo man zugleich Thür und Herd sieht (75). Ein dickbäuchiger, mit Messer und Löffel bewaffneter und mit Brathühnern behängter Koch trägt auf dem Kopfe mittelst Schüsseln das Gebälk. Gekreuzte Kellen und Küchenkraut bilden an den Metopen, Schweinsköpfe am Kranzgesimse den Schmuck. Den Thüraufsatz krönt eine Gruppe, die aus einem Paare erlegter Hasen, einem Rehbock, einem Kupferkessel und einem Würste tragenden Gestell besteht, dabei lagert sich rechts (links fehlt das Gegenstück) eine höchst ländliche Ceres.

Derartige Sonderlichkeiten gehören durchaus mit zu den Haupteigentümlichkeiten des Dietterlinschen Geistes. Für solche Mischwesen, wie die fischschwänzigen Tritonen (82, 110, 164), oder die bocksbeinigen Faune (29, 30, 35, 72, 80, 105, 150) hat er eine ausgesprochene Vorliebe. Er bildet sie männlich und weiblich, alt und jung. Auch sonst verschmilzt er gern von der Natur Getrenntes Seine Hermen und Pfeiler geben dafür das meiste aus. Hier vereinigen sich architektonische, menschliche und tierische Formen zu den abenteuerlichsten Gebilden, die manchmal unerfreulich (51, 100, 137, 142, 182), doch niemals so geistlos werden, wie viele unter den gleichen Versuchen eines Jan Vredeman de Vries[93]) oder gar die Scheusslichkeiten eines Hugues Sambin[94]). — Das Tollste aber von allem, was er geleistet hat, ist und bleibt das Bild eines Elefanten (18), der von reich gestickten Decken überhangen auf seinem Rücken einen altarähnlichen Kasten und in ihm speergerüstete Krieger trägt. Vor diesem Turme reitet auf dem Halse des Untiers sein Führer, umgeben von einem neckischen Affen, einem Jagdpanther und

Papageien. Einem anderen Manne hilft der gutmütige Riese mit seinem Rüssel und den Stosszähnen beim Hinaufklettern zu seinen oberen Gefährten. Das Ganze ist — man rät es schwer — ein Ofen toskanischer Ordnung!

Wenn eine so mit ornamentalen und figürlichen Formen überfüllte und von Gedanken an deren Zusammenfügung übersprudelnde Vorstellungskraft, wie die Dietterlins war, damals nach einer Kunstart suchte, in der sie sich nicht bloss leicht und rasch entladen, sondern ihre Schöpfungen weitesten Kreisen vermitteln konnte, so musste sie auf die Radierung verfallen. Auch konnte der stark plastische Zug, der durch die Dekorationsweise vom Ende des Jahrhunderts ging, erst bei der in der Radierung ermöglichten Beherrschung aller Abstufungen von Licht und Schatten seinen rechten Ausdruck erhalten. Diese Vorteile des Verfahrens voll auszunutzen, war Dietterlin durch Anlage und Schulung mehr als hinreichend befähigt. Seine Blätter zeigen ohne ängstliche Sauberkeit eine gewandte, flotte Linienführung und erheben sich zu bestechend malerischer Wirkung. Für die kräftigen Umrisse der Schattenseite hat er öfter den Grabstichel zu Hilfe genommen, was in späten Abzügen ungewollt auffällig hervortritt. Wie leicht ihm die Formgebung von der Hand ging, zeigen deutlicher noch als die mehr oder weniger geometrischen Gebilde des Ornaments die Wiedergaben lebendiger Wesen. Hier gelingt es ihm sogar, schwer zu beobachtende Stellungen mit dem Ausdrucke hoher Wahrscheinlichkeit vorzuführen, ich meine z. B. die beiden Hirsche, die sich als Wappentiere straff auf den Hinterbeinen aufrichten (126), oder die in gleicher Eigenschaft zur Erde gelagerten Rosse (168). Neben diesen Wappen lassen ihn auch die Jagdbrunnen und anderes als geübten Tiermaler erscheinen. Auch die Darstellung des Menschen beherrscht er in Nacktheit und Gewandung und in jeder Haltung der Glieder. Aber er hat eine missliche Vorliebe für übertriebenen Ausdruck. Fast alle seine Gestalten gebärden sich unnötig aufgeregt. Monumentale Würde fehlt ihnen ganz, ihre Auffassung ist nichts weniger als vornehm. Zu den Eigentümlichkeiten der Zeichnung gehören gesträubtes Haar, gespreizte Zehen und eine oft geradezu klobige Ausbildung der Hände.

Bei ihrer selbstbezeugten Eigenhändigkeit, ihrer Reichhaltigkeit

und ihrer ziemlich weiten Verbreitung werden sich immer die Radierungen des Säulenbuches als besten Ausgangspunkt für Erkenntnis
und Schilderung der künstlerischen Persönlichkeit Dietterlins empfeh-
len. Aber noch näher dem Ursprung, noch klarer kann in das geistige
und körperliche Schaffen des Künstlers der sehen, dem es vergönnt
ist, auch die Dresdener Vorlagen zu diesen Radierungen zu durch-
blättern. A. von Zahn hat zuerst auf sie hingewiesen und das nötigste
über sie gesagt[95]). Von ihrer einstigen Verwendung als unmittelbar
zur Übertragung auf die Kupferplatte bestimmten Vorzeichnungen
zeugen noch heute neben ihrer gleichen Grösse die beim Durchpausen
mit dem Stifte entstandenen Rillen längs den Hauptlinien der Bilder.
Ihrem Zwecke entsprechend sind diese Entwürfe bereits zu abge-
schlossener Vollendung durchgebildet. Nur wenige Blätter zeigen noch
ein Suchen nach der rechten Linie, zu allermeist sitzt jeder Strich
auf den ersten Wurf an seiner endgültigen Stelle. Die Umrisse sind
mit der Feder in einer oft dunkleren, oft helleren schwarzblauen,
selten in brauner Tinte gezogen, die Schatten meist in gleichfarbiger
Lavierung, manchmal aber auch durch zum Kupferstich passende
Strichlagen gegeben. Wie jede Linie den ausgereiften, zielbewussten
Zeichner, so verrät jede Tönung den geborenen Maler. Hier er-
frischend flott und dort entzückend zart, sind diese Blätter wahre
Musterleistungen dekorativer Zeichenkunst. Anmutend ist bei diesen
Meisterwerken das Urteil, das der Künstler selbst an seiner Arbeit
übte. Oft hat er einzelnen Teilen seiner Risse etwas beigeschrieben,
wie „dies ist zu klotz", „dieser Kopf zu gross", „dies schmaler" u. s. w.
und es dann gewissenhaft beim Radieren verändert.

Sucht man endlich als letztes, wozu Dietterlins Buch anregt, auf
Grund der Sandrartschen Angabe[96]), dass „nach Dietterlins guten
Architekturbüchern in Teutschland vielfältige grosse Gebäude angeordnet werden, sonderlich aber dieselbe denen Schreinern ein grosses
Liecht in ihrer Kunst geben", noch heute nach erhaltenen Werken,
die wirklich eine unmittelbarere Beziehung zu ihm haben, als die,
welche der Geist der Zeit mit sich bringt, so wird man auf wenige
bestimmt hindeuten können. Lübke[97]) hat recht, wenn er für diesen
Zweck auf die Ausstattungsstücke der Kirchen verweist. Unter diesen
aber hat der Dambacher Sebastiansaltar, den Woltmann[98]) in seinem

Abschnitt über Dietterlin erwähnt, als ausgebildetes Barockstück nichts mehr mit diesem zu thun. Wohl aber möchte ich behaupten, dass der Hochaltar des Münsters in Überlingen[99]) nicht ohne Kenntnis des Dietterlinschen Buches entstanden sei. Dieses verwegen grossartige Kunstwerk ist 1613 dem Bildhauer Jerg Zirn zu fertigen aufgetragen worden[100]). Wie es im Aufbau augenfällig an die Dietterlinschen Grabdenkmäler (202—207) erinnert, so kann man fast für jedes Teilstück bei Dietterlin verstreut ein Vorbild finden. Man vergleiche z. B. die Säulenschäfte des Mittelgeschosses mit dem dritten Muster auf D. 138, ihr Gebälk mit D. 99, die Karyatiden ganz aussen rechts und links mit D. 142, 193, endlich die Voluten und das vor sie gestellte Postament über den Seitennischen mit D. 76. Hier scheint mir in der That einmal ein Fall vorzuliegen, wo Dietterlins Gedanken, so wenig sie der Wirklichkeit Rechnung getragen haben, doch ohne Abzug in diese übertragen worden sind, freilich in einem dafür geeigneteren Stoff als Stein, nämlich Holz.

<hr />

7.
Sonstige Kupferdrucke von und nach Dietterlin.

Was ausser den zur Architectura gehörigen Blättern an Radierungen von Dietterlins Hand erhalten geblieben ist, hat Andresen im Deutschen Peintre-graveur II, 244 zusammenzustellen gesucht. Der hohe Grad von Vollständigkeit und Richtigkeit seiner Ausführungen macht eine von Grund aus neue Bearbeitung desselben Stoffes überflüssig. Es seien deshalb die wenigen erforderlichen Ergänzungen und Verbesserungen nur wie Randbemerkungen seinen Worten angefügt.

Andresen Nr. 1. Bildnis des Meisters selbst[101]).

An diesem Blatte erregt dreierlei Anstoss: 1) Es kann wegen seiner Inschrift nicht vor dem Tode Dietterlins im Jahre 1599 gedruckt worden sein. Wenn es trotzdem schon in Exemplaren der Ausgabe der Architektura von 1598 vorkommt, so ist es eben nachträglich eingefügt worden, wofür auch das Nichtmiteinbegriffensein in die sonst alle Blätter umfassende Zählung spricht. Einen notwendigen Bestandteil bildet es erst in der Ausgabe von 1655, wo es das Widmungsblatt an Soriau verdrängt hat und rechts unten mit der Ziffer 2 bezeichnet ist.

2) Das auf ihm angebrachte Monogramm des Künstlers weicht von den anderen Beispielen ab. Überall wo sich dasselbe sonst noch findet, — auf den Titelblättern zu allen Ausgaben und Teilen der Architectura — ist es die bildliche Verkörperung für den stets dabei geschriebenen Spruch: Profert commutat concludit et omnia tempus. Durch ein Stundenglas, das einen Distelstock aufwachsen lässt, windet sich nach oben eine Schlange, die an der Distel ihre Häutung vollziehend sich zu einem Ringe zusammenschliesst. Innerhalb des Ringes sind die reich geschnörkelten lateinischen Buchstaben W und D derart verschlungen, dass mit dem dritten Striche des W der erste des D zusammenfällt. Auf dem Bildnisblatte fehlen der Spruch und die Schnörkel.

3) Es liegt sowohl in dem ganzen Aufbau und Zierat des architektonischen Hintergrundes als auch in den allegorischen Figuren — man betrachte die Brust der links unten sitzenden Frau und vergleiche überhaupt einmal diese Diligentia und Pictura mit denselben Wesen auf den Titelblättern zum zweiten und dritten Buche — eine für Die terlin befremdende Schwächlichkeit. Ob diese drei Bedenken Kraft genug haben, die bisher nicht bezweifelte Urheberschaft Dietterlins an diesem in der Nadelführung seiner Art unleugbar ähnlichen und im Mittelstück seiner selbst ganz würdigen Blatte, das ja ohne die Inschrift schon vor 1599 gefertigt sein könnte, einzuschränken oder gar abzuweisen, das allerdings wage ich nicht zu entscheiden.

Andresen Nr. 2. Bildnis Herzog Friedrichs von Württemberg. Das reich und geschmackvoll angeordnete Blatt stimmt in seinem Zierwerk ganz mit der Formenwelt der gleichzeitigen Architekturbilder überein. Die ruhig edle und, wie es scheint, wahrheitsgetreue Auffassung des Kopfes zeichnet sich aber vor denselben dadurch aus, dass sie beweist, wie es der Künstler sehr wohl verstand, wo es sein musste, seine Willkür und Erregtheit bei der Wiedergabe lebendiger Wesen zu bezähmen. Merkwürdig ist die kurzstrichige Behandlung der Schattenlagen im Gesichte des Herzogs. Die beiden allegorischen

Gestalten sind später von Christoffel von Sichem auf sein im Jahre 1600 gestochenes Bildnis des Strassburger Syndikus Paul Hochfelder mit geringen Veränderungen übernommen worden (Andresen, Handbuch für Kupferstichsammler, Leipzig 1873 II S. 507 Nr. 4).

Andresen Nr. 3. Bildnis Herzog Ludwigs von Württemberg.

Auch dieses zweifellos echte Blatt, das in seiner Strichführung von dem vorigen zwar etwas abweicht, aber wahrscheinlich auch aus einer anderen, früheren Zeit stammt, hat eine architektonische Umgebung. Andresen kennt sie gar nicht, ich nur aus einem sehr beschädigten Exemplar in der Stuttgarter Bibliothek, wo ihr unteres Viertel ganz fehlt. Das Oval ist hier durch einen Rahmen, der aus einem Eierstab und stellenweis darüber sich aufrollendem Beschlagwerk besteht, zum Spiegel einer Cartouche geworden. Vor dem Rahmen stehen rechts und links zwei composite Säulen — ähnlich der auf Blatt 176 der Architectura —, die auf ihren Kapitälen und an ihren Postamenten die vier Schildteile des damaligen württembergischen Wappens tragen. Oben stellen zwischen den Schildteilen und einer in der Mitte befindlichen flachen und leeren Cartouche zwei auf dem Rahmen hockende Amoretten die Verbindung her. Nach den erhaltenen Resten vermute ich auch unten zwischen den Postamenten eine Cartouche.

Andresen Nr. 4. Bildnis des Johann Reinhard, Grafen von Hanau.

Dieses Blatt gehört in eine vom Prediger Nasserus besorgte, bei Lazarus Zetzner in Strassburg gedruckte Bibel von 1608 und ist nach dem weichlichen Formensinn, der aus ihm spricht, schwerlich schon früher gezeichnet worden. Mit Wendel Dietterlin hat es höchstens Schulzusammenhang, ist also aus der Liste seiner Werke zu streichen.

Andresen Nr. 5. Das herzoglich württembergische Wappen.

Es ist das vom Herzoge Friedrich 1593 angenommene Wappen mit dem Mümpelgarter Fischweiblein als mittelster Helmzier. Das Blatt ist augenscheinlich als Gegenstück zu Nr. 2, also 1597 geschaffen und entspricht ganz den Wappentafeln der Architectura z. B. 86,167.

Andresen Nr. 6. Der Stammbaum Herzog Friedrichs von Württemberg.

Auffällig ist bei dieser Tafel, dass, wo Herzog Friedrich als der geschlossene Stamm des Baumes gefasst wird, seine Vorfahren nicht als Wurzeln, sondern als Zweige von ihm ausgehen. Dietterlin, der ohne jeden Zweifel der Künstler ist, hat sich hier freiwillig oder auf höheres Geheiss an eine noch erhaltene Vorlage gebunden, nämlich an die ganz ähnliche Ahnentafel Herzog Ludwigs, die Jacob Zueberlin, unser Bekannter von der Lusthausdecke, im Jahre 1585 gefertigt hatte. Beide Werke werden jetzt zusammen in der königl. Altertümersammlung in Stuttgart aufbewahrt.

Alle Vorzüge dieser umfangreichen Tafel gelten aber in vielleicht noch höherem Masse von ihrem gleich grossen Gegenstück, das denselben Stoff in der vernünftigeren umgekehrten Reihenfolge behandelt. Auch dieses, zwar unbezeichnete, doch sicher Dietterlinsche Werk ist in der Kgl. Altertümersammlung in Stuttgart zu sehen. Wie alle einzelnen Radierungen Dietterlins ist es überaus selten. Andresen ist es unbekannt. Hier steigt von der Mitte des unteren Randes mit teilweise über der Erde sichtbaren Wurzeln ein mächtiger Baum auf, der mit seinem breiten Gezweig bald die ganze Weite des Blattes bedeckt. Vor dem ungeteilten Stamme steht am Boden in ganzer Gestalt, vor sich sein Hirschhornwappen haltend, ein reich gewandeter Fürst, wie die Bandrolle über ihm besagt, „Eberhard der Eltter Grave zu Würtemberg" (1392—1417). Zu seinen Seiten stehen in ähnlicher Ausstattung seine beiden Gemahlinnen „Anthonia Viscontin von Mayland" und „Elisabeth Burggrävin zu Nürnberg". Nach oben folgen dann an allen Ansatzstellen und Enden der Zweige seine Kinder und Kindeskinder, nicht mehr wie er in ganzer, sondern nur in halber Gestalt, alle mit Wappen und Namen und, wer verheiratet war, mit seinem Ehgemahl neben sich in der Luft. Mit den Familienmitgliedern von Dietterlins Gönnern, den Herzögen Ludwig und Friedrich, die in dicht gedrängter Reihe den oberen Rand bilden, schliesst der Stammbaum ab. Da das letzte der abgebildeten Kinder Friedrichs, Prinz Magnus, der spätere Held von Wimpfen, erst am 2. Dezember 1594 geboren ist, so wird die Zahl 1595, die der Maler Max Bach seiner vortrefflichen, wenn auch nicht photographisch treuen Wiedergabe des Blattes nebst dem Namen Dietterlins etwas eigenmächtig eingezeichnet hat, ungefähr das richtige Jahr der Entstehung des Werkes getroffen haben.

Künstlerisch bedeutend ist an diesem Blatte neben dem durchsichtigen Aufbau des Baumes, der ungezwungenen Haltung der Personen und der fabelhaft reichen Abwechslung der meist zeitlich getreuen Kostüme auch das dekorative Beiwerk, das unten die beiden vom Baume freigelassenen Ecken füllt. Dort ist rechts und links in den Vordergrund je ein vielgeschweifter Sockel gesetzt, der links die bewegte Gestalt eines Herkules und rechts eine posaunenblasende geflügelte Göttin des Ruhmes oder Sieges trägt. Zu beider Füssen sind allerhand Wahrzeichen von Krieg, Handel und Gewerbe zu buntem Haufen geschichtet. Haben wir für alles dies, was wir bis jetzt auf dem Blatte betrachtet haben, für die architektonischen Formstücke, die allegorischen Figuren, die Porträts schon früher Beispiele, wenn auch nicht immer gleich meisterhaft ausgeführte, gesehen, so lernen wir in der Landschaft, die er den Hintergrund dieses Stammbaumblattes bilden lässt, Dietterlin von einer ganz neuen Seite kennen. So flüchtig, so nebensächlich auch das bisschen Gegend behandelt ist, das links eine zu Wasser und zu Lande bekriegte Küstenfeste und rechts eine in der Ruhe eines Friedhofes am Meere liegende antike Ruinenstätte darstellt, es wirkt in Zeichnung wie Beleuchtung ausserordentlich stimmungsvoll und trägt wesentlich zu dem Reiz bei, den dieses grosse Blatt auf jeden Beschauer ausübt. — Über das kolorierte Exemplar, das es von diesem Blatte gegeben haben soll und vielleicht noch giebt, vermag ich leider nichts anzugeben [102].

Andresen 7—15 bespricht eine Reihe von Radierungen, die sämtlich aus dem alten Testamente ihren Stoff entlehnt haben. Von ihnen sind mir Nr. 7 und 8, die beiden Darstellungen des Sündenfalles, nicht zu Gesicht gekommen. Nr. 9 und 11—15, die je auf einem Blatte mehrere Begebenheiten aus dem Leben Abrahams, Lots, Isaaks, Jacobs, Josephs, Mosis, Sauls und Davids enthalten, sind von so absonderlicher Gestalt, teils oval, teils halbringförmig (von letzteren wieder 3 nach oben, 2 nach unten gebogen), dass ich an ihre selbständige Geltung schwer glauben kann. Vielleicht sind sie Reste oder Auszüge einer einst viel umfassenden gestochenen oder gemalten Schöpfung Dietterlins, von der wir sonst nichts wissen. Möglicherweise gehörten dann dazu — etwa als ein Rahmen — auch die unter Nr. 10 aufgeführten Blätter mit den Vertretern der 12 Stämme Israels. Auch ich kenne sie nur in ganz verschnittenen Beispielen aus der

Sammlung des Königs Friedrich August in Dresden, hier war aber noch festzustellen, dass wenigstens immer mehrere übereinander ein Ganzes gebildet hatten. Übrigens giebt es ebendort, gleichfalls beschnitten, doch scheinbar dazu gehörig, zwei verschieden grosse Stücke mit gelagerten erzväterlichen Gestalten, die nach oben ähnlich volutenartig abschliessen, wie Nr. 11—15.

Dietterlins Urheberschaft springt in die Augen. Auf die vor architektonischem Hintergrunde stark bewegten, seltsam gekleideten Männer und auf die einem jeden beigeordneten Tiere der Blätter Andresen Nr. 10 passen alle Kennzeichen, die oben für die entsprechenden Gebilde in der Architectura angegeben worden sind (vgl. S. 43). Auf den anderen, unter sich sehr ähnlichen Stücken ist das Merkwürdigste, wie geschickt die vielen, in Wirklichkeit doch aufeinander folgenden Ereignisse, als wären sie gleichzeitig, in eine äusserlich ungetrennt fortlaufende Landschaft eingezeichnet sind. In sich ist diese natürlich nicht einförmig, sondern erfreut durch eine vielfache, aber ganz zwanglose Abwechslung von Haus und Hof, Wald und Wüste, Berg und Thal, Sonne und Schatten. Hierin vollziehen die in kleinem und kleinstem Massstabe dargestellten Menschen ihre Handlungen in schlichter, zweckentsprechender Weise. Indem so Ort und That gleichmässig hervorgehoben sind, liegt ein Ton epischer Behaglichkeit, nicht dramatischer Spannung im Vortrage dieser Blätter, die mit ihrer gelungenen Raumausfüllung und der feinen Ausarbeitung der Einzelheiten die anmutigsten unter Dietterlins Hauptwerken sind. Die Deutung der einzelnen Vorgänge wird durch beigeschriebene Bibelstellen erleichtert. Dabei aber ist dem Künstler der Irrtum untergelaufen, dass er für das Leben Sauls und Davids auf die Bücher der Könige statt auf die Samuelis verweist.

Die Ansicht von Ulm, mit deren Zuweisung an Dietterlin Andresen seinen Abschnitt schliesst, habe ich nicht gesehen.

Hiermit ist die Reihe der bekannten eigenhändigen Radierungen Dietterlins erschöpft. Da von ihrer grossen Zahl keine nachweislich aus der Zeit vor 1590 stammt, so liegt die Annahme nahe, dass er erst um dieses Jahr zur Ätznadel gegriffen habe. Wie eine Bestätigung kommt hinzu, dass kurz vorher Werke seines Geistes und seiner Hand durch Kupferstiche eines anderen Meisters vervielfältigt

worden sind, was Dietterlin bei der stets damit verbundenen Gefahr
der Entstellung kaum zugelassen oder veranlasst haben dürfte, wenn
er sich schon selber als Radierer von Beruf gefühlt hätte. Es betrifft
dies drei von dem Strassburger Mathaeus Greuter [103]) gestochene
Blätter, von denen das erste von 1587 eine allegorische Darstellung
der Folgen von Keuschheit und Liebesgenuss, das zweite von 1588
oder 1589 den Sturz des Phaeton, das dritte von 1589 die Himmelfahrt des Elias wiedergiebt und ausdrücklich als Erfindungen Wendel
Dietterlins bezeichnet. Den Sturz des Phaeton kenne ich nur aus
den in der Jahreszahl sich widersprechenden Angaben des Handbuches
für Sammler von Kupferstichen von Huber und Rost (Zürich 1796, I,
223) und der Monogrammisten von Nagler (IV, Nr. 1833). Die Allegorie ist beschrieben von Huber Catalogue Winckler (Lpz. 1802. I,
Nr. 1269). Sie würde ohne ihre Aufschrift schwerlich an Dietterlin
erinnert haben, denn der Ausführung des für die Zeit ganz gewöhnlichen Stoffes fehlt jedes Merkzeichen Dietterlinscher Eigenart.

Ganz anders steht es um die Himmelfahrt des Elias. Nach
Sandrarts Worten [104]): „Wendelinus Dietterlin vermehrte neben
andern auch der Stadt Strassburg Kunst- und Tugend-Lob in der
edlen Pictura und Architectura, weil er daselbst viel gemahlt, ab-
sonderlich aber ist sein Elias, wie er auf dem feurigen Wagen gen
Himmel fährt, hoch zu preisen, daher er auch in Kupfer nach seiner
Hand ausgegangen . . . . . .‟ scheinen wir in Greuters technisch vor-
trefflichem Stiche eine von Dietterlin selbst vorbereitete Nachbildung
seines berühmtesten — man möchte herauslesen in Strassburg ge-
fertigten — Gemäldes, das leider untergegangen ist, zu besitzen. Da
dieses wegen seiner Berechnung auf lotrechte Unteransicht aller Wahrscheinlichkeit nach ein Deckenbild gewesen ist, so gewinnt der Stich
ausserdem noch die Bedeutung, dass wir uns nach ihm auch eine
Vorstellung von dem Aussehen und der Wirkung des für eine ähnliche Stelle und mit ähnlichem Stoffe, also auch wohl mit ähnlichen
Mitteln geschaffenen zweiten Hauptwerkes Dietterlins, der Stuttgarter
Lusthausdecke bilden können. Hier wie dort spielt der Vorgang hoch
über dem Beschauer in der freien Luft. Von Wolken gehoben, aber
ungeduldig noch selbst mit gewaltsamem Ansteigen dem himmlischen
Ziele zustrebend, zieht ein Paar mächtiger, ungeflügelter Rosse einen

Wagen, wie ihn römische Triumphatoren benutzten, aufwärts. In diesem steht, von unten nur in starker Verkürzung aller Gliedmassen zu sehen, der Prophet, ein kraftvoller bärtiger Mann, mit der Hand noch bemüht, den Mantel zu halten, den ihm eben der Wirbelsturm in die Lüfte entführen will. Aus den Speichen des Rades, den Mähnen und den Nüstern der Rosse sprüht flammende Glut. — Ohne der ästhetischen Berechtigung des künstlerischen Verfahrens, das darin besteht, die Decke eines geschlossenen Saales einfach wegzuzaubern und dem Beschauer den Blick in den weiten Himmelsraum zu erschliessen, worin man dann, wie wirklich dort sich zutragend, irgend welche Begebenheiten dargestellt sieht, das Wort reden zu wollen, kann man sich doch oft dem packenden Eindruck solcher Bilder nicht entziehen. Sie sind erträglich, wenn die Täuschung des Schwebens gewollt und erreicht ist, entsetzlich, wenn mit Absicht fallende Gegenstände gebildet werden. Meistens freilich hört jede Täuschung des Beharrens in der Luft auf, wenn man nicht genau von dem einen, für die Ansicht bemessenen Punkte des Fussbodens aus blickt, was besonders leicht unter weiter gemalten Architekturen eintritt. Auch erscheinen die starken Verkürzungen aufrecht gestellter Figuren niemals erfreulich. — Da nun Dietterlins Bild mit seiner richtig getroffenen Perspektive und mit dem im Vorgange stark waltenden Zuge nach oben glücklich die beängstigende Wirkung vermieden hat, so gestattet es wie je eines von seinesgleichen mit reinem Genusse die unüberbietbare Naturtreue und Lebenskraft, die vor allem in den schwierig gestellten Rosseleibern zum Ausdruck gebracht ist, zu bewundern. Nach Auffassung und Ausführung stellt dieses Bild in der That den Höhepunkt von Dietterlins Schaffen vor und verdient mit Recht das Lob, das ihm Sandrart und mit ihm wohl alle Zeitgenossen gespendet haben. Es kann sich in seiner Art getrost mit Kunstwerken ersten Namens messen und erscheint mir deshalb würdig, durch Nachbildung an dieser Stelle in weiteren Kreisen bekannt gemacht zu werden.

Diese Art perspektivischer Deckenmalerei war schon längst in Italien im Schwange. Von Mantegna und Melozzo erfunden, von Correggio zur Vollendung gebracht und von den Venezianern auf der Höhe erhalten, wurde sie zur üblichen Ausstattung der Barock-

und Rokokodecken aller Länder. Von Wendel Dietterlin ist es nun nirgends ausdrücklich bezeugt, dass er in Italien gewesen sei. Da aber sein Eliasbild meines Wissens in Deutschland das früheste Beispiel dieser Malweise ist, und da es zu seiner Zeit bei den deutschen Malern ganz gang und gäbe war, eine Studienreise nach Italien zu machen, so halte ich es doch für ziemlich sicher, dass er selbst bei einem Aufenthalt in Italien, es genügt Oberitalien, die Anregung zu dieser Neuerung an der Quelle geschöpft habe. Wir hätten damit sowohl seine Lebensgeschichte als auch seine Bedeutung um ein wichtiges Stück bereichert.

Zwei fernere, sich selbst dafür ausgebende Nachbildungen Dietterlinscher Werke, die sein Enkel Bartholomäus (als Sohn des Hilarius geboren 1609) radiert hat, kann man übergehen. Denn selbst wenn sie besser nachempfunden und besser nachgezeichnet wären als sie es sind, so lehrten sie weder mit ihrem allegorischen Stoffe über den Gedankenkreis, noch in ihrer Ausführung über die Kunstmittel unseres Meisters etwas Neues. Eine Beschreibung der Blätter findet man in Andresens deutschem Peintre-graveur IV, S. 280 unter Nr. 3 und 4. Betonen möchte ich hier nur das eine, dass Nr. 4, worauf vorgestellt wird, wie unter der Herrschaft des Evangeliums Wahrheit, Weisheit und Gerechtigkeit über Irrlehre und Aberglauben siegen, wiederum auf ein Deckenbild in der Art des Eliasgemäldes zurückgeht, diesmal allerdings schon auf eines mit fallenden Gestalten.

<hr />

8.

Dietterlin als Dekorations- und Tafelmaler. Schluss.

Für die Dekorationsmalerei Dietterlins, auf die uns das Eliasbild zurückgeführt hat, harrt, wie von S. 9 erinnerlich sein wird, noch eine Frage der Erledigung: Enthalten die Malereien am Strassburger Frauenhaus in sich selbst eine Gewähr für die alleinstehende Nachricht Pitons, dass Wendel Dietterlin ihr Verfertiger sei? Erst jetzt, nach Kenntnis des notwendigen Vergleichsstoffes, kann die Antwort gegeben werden. Piton hat Reste der Malerei noch an Ort und Stelle gesehen, kurz darauf sind sie beseitigt, aber vorher durch Dombaumeister Klotz sorgsam durchgepaust und auch farbig abgebildet worden [105]). Danach war sowohl die Seite nach dem Schlossplatze zu, als auch die Hofseite bunt verziert. Man muss wissen, dass dieser kleine Hof auf seiner anderen Seite von einem älteren, gotischen Hause begrenzt wird, dass in ihn über eine niedrige Mauer ganz nahe Erwins Münster hereinschaut, um zu verstehen, mit wie feinem Sinne der Maler gehandelt hat, wenn er durch Einmischung von spitzen Bogen in seine architektonische Füllung der von den Fenstern freigelassenen Flächen versuchte, das Renaissancehaus dieser gotischen Grundstimmung anzupassen. So auf dem Hofe. Auch die Strassenseite, die sich vor anderen Renaissancegiebelhäusern durch die regelmässige Verteilung ihrer Fenstergruppen auszeichnet [106]), erhielt zu allermeist gemalte Architektur als Schmuck. Hier herrschten allein die Formen der Spätrenaissance. In den oberen Stockwerken stand nur ab und zu in Nischen eine allegorische Figur, das Erdgeschoss dagegen war fast ganz der figürlichen Malerei vorbehalten worden. Man sah dort über dem Fensterpaar in der Mitte Christus thronen und das Weltgericht abhalten. Zu seiner Rechten drängten die Scharen der seliggepriesenen Mühseligen und Beladenen, als Schiffer, Bauern u. s. w. gekennzeichnet heran, links hauste die Menge der verdammten Schriftgelehrten und Pharisäer, am Rande abschliessend mit dem Verräter Judas. Die zu Grunde liegenden Bibelstellen (Matth. 5, 3; 25, 34; 11, 28; 23, 13; 25, 41) waren lateinisch dabei geschrieben. Die Farbenwirkung scheint durch kräftige Gegensätze zugleich würdig und lebhaft gewesen zu sein. Bei der Dürftigkeit der Reste, die noch dazu nur in Kopie von zweiter Hand erhalten sind, ist natürlich eine sichere Entscheidung der Urheberfrage schwer. Jedoch spricht Form und Stoff der Malereien so gar nicht gegen Dietterlin, ja weist ein Pilaster des ersten Geschosses auf so nahe Beziehung zu dem Herausgeber der Architectura hin, dass ich keinen Anlass finde, von Pitons Angabe, selbst wenn sie auf reiner Vermutung beruhen sollte, abzugehen. Dagegen stehe ich für die Zuweisung der gleichzeitigen, noch heute sichtbaren Innenmalerei im unteren Saale desselben Baues an Dietterlin [107]) — wovon auch Piton schweigt — nicht ein. Diese Grottesken sind für Dietterlins Geschmack zu mager.

Was endlich die Tafelmalerei Dietterlins anbetriftt, so ist meines
Erachtens bis jetzt noch kein unzweifelhaft echtes Bild von ihm bekannt gemacht worden. Denn auch das eine Gemälde in Wien, das
im Engerthschen Verzeichnis (Wien 1886 Bd. III Nr. 1522) aufgeführt
wird als „Architektur mit der Berufung des heiligen Matthäus zum
Apostelamte", und das man bisher unbedenklich unter seinem Namen
laufen liess, gehört ihm nicht. Freilich als ein im Grunde bloss staffier-
tes Architekturstück aus dem Ende des 16. Jahrhunderts und mit dem
Monogramm W D bezeichnet, schien es Gewähr genug für die Richtigkeit dieser Benennung zu bieten. Aber abgesehen davon, dass das heute
verschwundene Monogramm, wie es frühere Kataloge von Krafft
1845 und Engerth 1860 abbilden, in seiner Einfachheit und in der
andersartigen Zusammensetzung der Buchstaben — D sitzt am vierten,
nicht am dritten Strich des W (vgl. S. 46) — von der gewöhnlichen Gestalt desselben abweicht, trägt die Architektur ein für Dietterlin ganz fremdes, trockneres Gepräge. Sie ähnelt weit mehr der Art
eines Jan Vredeman de Vries. Auch das streifbeinige Auftreten des
Christus und der Apostel, ihr Gesichtsschnitt und ihre Kleidung
haben so wenig wie möglich Verwandtschaft mit Dietterlins fast
immer tänzelnden, gewandumflatterten Gestalten. Vergleicht man
vollends die mit ihrer Ungelenkigkeit und ihrem Stumpfsinn höchst
langweiligen Vierfüssler mit den ausgelassenen Geschöpfen unseres
Meisters, so wird man überzeugt sein, dass in dem Wiener Bilde
seines Geistes nicht ein Hauch weht. Auch das links sichtbare Stück
Landschaft bringt es in Abhängigkeit von späten niederländischen
Romanisten.

Auf Grund dieses Bildes ist es Woltmann [108]) eingefallen, noch
zwei andere Gemälde Dietterlin zuzuschreiben. Aber die örtliche
Getrenntheit derselben, dazu vielleicht ein grosser zeitlicher Unterschied der Besichtigungen und sicher eine unzureichende Vertrautheit
mit Dietterlins echten Werken haben ihn sich arg irren lassen. Denn
diese beiden in Prag und in Dessau befindlichen Bilder haben weder
miteinander noch mit dem Wiener Bilde oder mit Dietterlin das Ge-
ringste zu schaffen. Das Bildchen im Rudolphinum, jetzt Nr. 505,
Christus mit Martha und Maria, ist heute dort richtig als „Nieder-
ländischer Meister c. 1550" bezeichnet. Seine Architekturformen decken

sich noch mit denen der Frührenaissance. Das Bild im Amalienstift Nr. 534, das ebenfalls die Berufung des Matthäus vorstellt, kann im 17. Jahrhundert überall von irgend einem Schwächling gemalt worden sein.

Waren auch die Zeitverhältnisse, unter denen Dietterlin lebte, einer gedeihlichen Entwickelung der Tafelmalerei nicht gerade günstig, insofern als in reformierten Ländern kirchliche Aufträge so gut wie ganz ausfielen, der Bürger noch selten den Sinn dafür hatte, sich sein Heim mit eingerahmten Gemälden zu schmücken, endlich fürstliche Sammlungen eben erst anfingen zu entstehen, so lässt sich doch noch nicht aus dem heute vorhandenen, vielleicht gar nur vermeintlichen Mangel an Belegen folgern, dass Dietterlin überhaupt der Ausbildung dieses Kunstzweiges abhold gewesen sei. Eine grosse Ausnahme von der eben aufgestellten Regel machte allgemein schon die Bildnismalerei aus. Sie wurde viel begehrt und viel gepflegt. Ja, ihre Erzeugnisse bilden bei den meisten Malern der Zeit, bei Tobias Stimmer, Christoph Schwarz, Hans von Aachen u. a. die erfreulichste Seite ihrer Thätigkeit. Sollte Dietterlin Bildnisse bloss radiert haben?

Mit aller Sicherheit könnte man Dietterlin als Tafelmaler aufführen, wenn die in manchen neuen Büchern[109] wiederholte Nachricht sich bestätigte, die ihn sogar zum Erfinder einer besonderen Art von Tafelmalerei, der Pastellmalerei macht. Aber erstmal ist er nicht der Erfinder gewesen, denn schon in seinem 1584 zu Mailand gedruckten trattato dell' arte (libro III, cap. V) spricht Lomazzo unzweideutig von einem modo di colorare che si dice a pastello, il quale si fa con punte composte particolarmente in polvere di colori, che di tutti si possono comporre. Il quale si fa in carta e fu molto usato da Leonardo Vinci, il quale fece le teste di Cristo e degli Apostoli in questo modo eccellenti, e miracolose in carta. Ma quanto è difficile il colorire in questo nuovo modo, tanto è egli facile a guastarsi. Heute, wo weder die bekannten Weimarer Apostelköpfe noch auch der Christuskopf in der Brera[110] als echte Werke Leonardos allgemein anerkannt werden, hat man freilich kein unanfechtbares Beweismittel mehr, um Lomazzos Angabe über Leonardos eigene Pastellmalerei zu bestätigen. Ja, es ist nicht unmöglich, dass die von Lomazzo erwähnte Folge von Apostelköpfen eben nur die Weimarer wäre. Aber gleichviel, ob Leonardo selbst Pastell gemalt hat oder nicht, unter allen Umständen stammen die erhaltenen Werke und mit ihnen einige jüngst für Strassburg erworbene Köpfe [111]) anerkanntermassen aus so unmittelbarer Nähe dieses Meisters, dass wenigstens darin Lomazzo Recht behält, worauf es hier allein ankommt, dass er die Pastellmalerei als eine schon im Anfange seines Jahrhunderts in Italien geübte Kunst ausgiebt.

Wie es zweitens um die blosse Ausübung der Pastellmalerei durch Dietterlin steht, mag die Betrachtung der hierfür allen andern Berichten zu Grunde liegenden Stelle in dem 1669 zu Nürnberg erschienenen Buche Graphice id est de arte pingendi liber singularis von Johannes Scheffer lehren. Nachdem dieser hier auf S. 177 erst das gewöhnliche Verfahren der Pastellmalerei und dann eine eigentümliche Weise, durch Aufkleben von gefärbten Wollfasern zu kolorieren, beschrieben hat, fährt er in seinem keineswegs klassischen Latein fort: Utraque haec ratio veteribus ignota fuit atque nescio annon superiori saeculo excogitata demum. Puto autem primam illam habere auctorem quendam Vendelinum Dieterlin pictorem Argentoratensem eximium, qui ante annos circiter quadraginta vixit. Scheffer, der selbst ein Strassburger Kind ist (geb. 1621), später von 1648 ab bis zu seinem Tode 1679 in Upsala als Professor lebte [112]), hat Beziehungen zu den Dietterlins gehabt. Das zeigt auch S. 207, wo es heisst: Vidimus nos quoque Georgium Dieterlin Argentoratensem laeva pingentem optime, womit der 1616 getaufte dritte Sohn des Hilarius, der Bruder des Bartholomäus gemeint ist. Das eine können wir also von Scheffer als gewiss hinnehmen: Ein Wendel Dietterlin hat in Pastell gemalt und damit etwas Ungewöhnliches gethan.

Indessen, kann das unser Wendel Dietterlin, der Verfasser der Architectura gewesen sein? Die beiden Zeitbestimmungen: „Die Erfindung hat wahrscheinlich erst im 16. Jahrhundert stattgefunden" und „der Erfinder hat vor ungefähr vierzig Jahren gelebt" lassen sich in der Person unseres 1599 verstorbenen Künstlers nicht vereinigen. Passen könnten sie auf dessen gleichnamigen Sohn. Aber dieser kommt nicht in Betracht, da er an massgebenden Stellen nie anders denn als Goldarbeiter auftritt [113]. Der Zeit nach der dritte Wendel Dietterlin, diesmal urkundlich wieder ein Maler, wurde 1602 als erster Sohn des Hilarius geboren, war mithin der älteste Bruder des von Scheffer bewunderten Linksmalers Georg. Er lebte bis 1680 und stand in hohem Ansehen [114]. Allerdings passt auf ihn, streng genommen, ebenso nur das ante quadraginta annos, wie auf den ersten Dietterlin nur das superiori saeculo. Trotzdem glaube ich auf diesen Enkel eher als auf den Grossvater Scheffers Zeugnis beziehen zu können. Man bedenke nur, dass Scheffer mit dem Rückgriff um 40 Jahre noch innerhalb seiner eigenen Lebenszeit bleibt, dass er von seiner Vaterstadt und einer ihm bekannten Familie spricht, dass er aber andererseits, während er schreibt, seit langen Jahren in ferner Fremde weilt. Erscheint es da nicht, wenn schon überhaupt ein Irrtum angenommen werden muss, leichter begreiflich, wenn er in der Erinnerung das damalige Alter eines Zeitgenossen, gegen den er so schon volle 19 Jahre jünger war, nur überschätzte, d. h. den dritten Wendel Dietterlin — statt von 1602! — noch aus dem eben verflossenen Jahrhundert stammend wähnte, als wenn er den schon 1599 — 22 Jahre vor seiner Geburt! — gestorbenen ersten Wendel Dietterlin noch 1629 mit sich zu gleicher Zeit und an gleichem Orte leben liesse?

Doch sei dem, wie es wolle, jedenfalls bietet Johannes Scheffer keine unbedingte Gewähr dafür, unsern Dietterlin, den, über welchen diese Schrift handelt, als Pastellmaler, geschweige denn als ersten Pastellmaler anzusprechen. Auch die beiden ihm — wahrscheinlich nur von der Kenntnis der Schefferstelle aus — in der Nicolauskirche zu Strassburg zugeschriebenen guten Pastelle [115] mit der Darstellung des dornengekrönten Christus und der Gottesmutter geben eine solche nicht. In enger Anlehnung an italienische Vorbilder auf Leinwand gemalt, tragen sie keinen an ihn erinnernden Zug und sind schwerlich eher als im 17. Jahrhundert entstanden.

Die erste Sammlung von Denkmälern und Nachrichten zur Kenntnis des Lebens und der Werke des Strassburger Malers Wendel Dietterlin sei hiermit geschlossen. Was von ihren Ergebnissen für wahr und echt gehalten werden konnte, dem ist auf den voranstehenden Blättern eine eingehende Berücksichtigung zu teil geworden. Ebenso ist, was dessen bedürftig und würdig schien, widerlegt worden. Fassen wir noch einmal zusammen, was sich nach und nach dabei als wichtig und bezeichnend für die kunstgeschichtliche Bedeutung unseres Meisters herausgestellt hat.

Wie ein Rückschlag gegen die gewaltigen Verstandes- und Gewissenskämpfe, die im Zeitalter der Reformation alle Geister in Gärung versetzt hatten, folgte mit der zweiten Hälfte des 16. Jahrhunderts in Deutschland eine Zeit gesteigerten Genussbedürfnisses. Besonders deutlich veranschaulicht diesen Umschwung die bildende Kunst. Solche innerlich schaffenden Naturen, die ihre Hand nur in den Dienst des eigenen Gemütes stellen und tief ergreifende Werke hervorbringen, wie Albrecht Dürer und Mathias Grünewald, hätten später kein Verständnis mehr gefunden. Jetzt wurde von der Kunst nur Aufheiterung des Lebens verlangt, und sie hatte es in der Not gelernt, nach Brot zu gehen. So beschränkte sie sich denn fast ausschliesslich auf die äusserliche Verschönerung aller Gegenstände, die der Mensch benutzt, vom Haus herab bis zum Löffelstiel. Bei der Fülle künstlerischer Kraft, die sich aus der grossen Vergangenheit vererbt hatte, war es nur natürlich, dass darin Ausserordentliches geleistet wurde. Es hat kaum jemals wieder eine Zeit gegeben, in der so wie von 1550 bis zum Beginn des grossen Krieges die Lust an schöner Zier sich in so breite Volksschichten, so in alle Gewerbe, auf so mannigfache Dinge erstreckte. Viel trug zu dieser reichen Entfaltung der Kunst die unendliche Wandelbarkeit und Anpassungsfähigkeit des damals in Deutschland herrschenden, aus Italien verpflanzten Ziersystems bei. Denn nur ein Ziersystem, kein Konstruktionsprinzip hatte die Renaissance im Norden. Dass diese, ursprünglich nur als Mode eingeführt, hier so bald zu einem wirklichen Stil werden konnte, daran war die überall auf Gleichartigkeit und gegenseitigen Austausch gerichtete zünftlerische Erziehung aller Kunstbeflissenen Schuld.

Erst wenn man diese allgemeinen Verhältnisse im Auge behält, so hat man die Grundlage, um Dietterlin richtig zu verstehen. Auch er will nicht schwimmen gegen den Strom der Zeit, auch er stellt seine Kunst ganz in den Dienst der Mitwelt. Deshalb verzichtet er auf die Verarbeitung seelischer Stoffe. Wo die Aufgabe an ihn herantritt oder er von selbst die Lust spürt, mehr als rein ornamentale Formen zu verwenden, da begnügt er sich mit der Vorführung längst abgedroschener Allegorien, oder er wiederholt tausendmal dargestellte

Begebenheiten aus der biblischen Geschichte. Nie ist es der Inhalt dieser Dinge, dem er neue Seiten abzugewinnen sucht. Was ihn reizt, ist die Lösung gefälliger Anordnung, wechselvoller Beleuchtung, ungewöhnlicher Stellung. Auch in seinem Hauptwerke, der Himmelfahrt des Elias, will er im Grunde nichts anderes als seine Meisterschaft in der schwierigsten Form der Perspektive, in der Unteransicht zeigen. Seine menschlichen Gestalten haben daher trotz aller scheinbaren Beweglichkeit kein wahres inneres Leben. Seine Werke sind zumeist für einen äusserlichen Zweck gemacht, sie sind bestellt worden. Decken grosser Säle, Strassenseiten der Häuser sind die Stellen, wofür sie bestimmt waren, worauf sie berechnet werden mussten. Mehr als figürlicher war hier ornamentaler Schmuck am Platze. In diesem hat denn auch Dietterlin so recht erst das eigentliche Feld für seine Begabung gefunden. Ja, er selbst war von der Mustergültigkeit seiner Leistungen gerade in dieser Gattung so überzeugt, dass er sich entschloss, sie in einem Lehrbuche anderen zur Nachahmung anzuempfehlen. Nicht dass er darin irgend neue Bahnen einzuschlagen versuchte, mit Absicht wollte er die herkömmliche Zierweise, die seiner Meinung nach anfing, in ihrem Gefüge sich zu lockern, befestigen. Der Geschmack seiner Zeit an derber, übertriebener Wirkung, der sich genau so in der Litteratur, in der Tracht und in anderem zeigt, verführte auch ihn zu oft massloser Überladung.

Obschon also Dietterlin in nichts ein Neuerer war, obschon er nichts anderes wollte, als seine gleichzeitigen Fachgenossen auch, so verdient er doch vor ihnen eine bevorzugte Beachtung. Denn neben dem, dass er nach Anlage und Schulung und ausgereifter Eigenart einer ihrer ersten war, hat er an so vielen von den Bestrebungen, die allgemein das Künstlertum der Zeit erfüllten, Anteil genommen, wie kein einziger von ihnen für sich allein. Seine wahrscheinliche Studienreise nach Italien, seine Mitarbeit an der Ausbildung des jungen Radierverfahrens, seine Sucht, die heikelsten Aufgaben der Perspektive zu lösen, sein Bemühen, sich mit den geschriebenen Gesetzen seines Stiles vertraut zu machen, sind nur die hauptsächlichsten Proben seiner vielseitigen Regsamkeit. Wenn also Dietterlin, mit weltgeschichtlichem Masse gemessen, nur ein bescheidener Ruhmesanspruch zukommt, für seine Zeit muss er als Grösse gelten.

Anmerkungen.

1) Protokolle der Contraktstube, 1571, Notar Kügler Fol. 232[b.]

2) Grimm, Deutsches Wörterbuch. Lpg. 1860. II, 1146. — Statt der Schreibung Dietterlin, die der Künstler selbst bevorzugt, findet sich urkundlich auch Dieterlin, Dietherlin, Dietterle, Dietterlin.

3) In Stuttgarter Akten (s. S. 15) und wahrscheinlich nach einer Künstlerinschrift in Sigmund Langers Erklärung vier uralter Gemälde. Strassbg. 1793.

4) Hochzeitsbuch des Münsters zu 1570 und Taufregister von Jung St. Peter zu 1595, aufbewahrt auf dem Strassburger Standesamt.

5) Neben Sprewer liest man anderwärts auch Spruwer und Spruwel.

6) Strassb. Stadtarchiv, Prot. d. Contraktstube, 1571, Notar Kügler Fol. 232[b] und A. Seyboth, Das alte Strassburg. Strassbg. 1890. S. 233.

7) Strassb. Stadtarchiv, Das Bürgerbuch deren so ire burgrecht von iren Eeweibern oder ältern empfangen haben, angefangen 1543.

8) F. C. Heitz, Das Zunftwesen in Strassbg. Strassbg. 1856. S. 22 u. 52.

9) Heitz, S. 83. Hans Meyer, Die Strassbgr. Goldschmiedezunft. Lpg. 1881. S. 112 ff.

10) Strassbg. Stadtarchiv, Artikulbuch der Zunft zur Steltz, Nr. 2, Fol. 161. Mit falscher Überschrift abgedruckt bei Schricker, Ordnungen der Strassburger Malerzunft, Jahrb. für Geschichte, Sprache und Litteratur Elsass-Lothringens, III (1887), S. 99 ff.

11) Einleitung zu seinem Kunstbüchlein. Strassbg. bei Anton Bertram, 1537.

12) Mitteilungen der Gesellschaft für Erhaltung der geschichtlichen Denkmäler im Elsass. II. Folge, Band XV. Strassbg. 1892. S. 248.

13) A. Seyboth, Verzeichnis der Künstler, welche in Urkunden des Strassburger Stadtarchivs vom 13. bis 18. Jahrhundert erwähnt werden, im Repertorium für Kunstwissenschaft. XV. S. 37 ff. — Dazu H. Meyer a. a. O. S. 216.

14) Conradi Dasypodii Mathematici Wahrhafftige Auslegung des Astronomischen Strassburgischen Uhrwerks, abgedruckt in Schilters Ausgabe der Chronik Jacobs von Königshofen. Strassbg. 1698. S. 574 ff.

15) Tobias Stimmers Comedia, herausg. von Dr. Jacob Oeri. Frauenfeld 1891. S. XI.

16) Ebenda. S. VIII.

17) Sebald Bühelers Strassburger Chronik, herausg. von L. Dacheux in den Mitt. d. Ges. f. Erh. d. gesch. Denkm. im Elsass. Bd. 13, S. 127.

18) Grandidier, Essais historiques et topographiques sur l'église cathédrale de Strasbourg. Strassbg. 1782. S. 391 ff.

19) Siehe Anm. 114.

20) Strobel, Verzeichnis elsässischer Künstler, angehängt an Schreiber: Das Münster zu Strassburg. Karlsruhe u. Freiburg 1829. S. 80.

21) Piton, Strasbourg illustré. Strassbg. 1855. S. 96.

22) Über die Künastsche Kunstkammer vgl. Hermann, Notices sur la ville de Strasbourg. Strassbg. 1819. II, S. 386; auch Arthur Benoit, Collections et collectionneurs alsaciens 1600—1820. Strassbg. 1875. S. 9.

23) Heute im Bezirksarchiv zu Strassbg.

24) Oeri a. a O., S. XI ff.

25) Heitz a. a. O., S. 32.

26) Die in diesem Abschnitte enthaltenen Angaben verdanke ich zum Teil einer freundlichen Mitteilung des Herrn A. Seyboth, zum Teil beruhen sie auf eigener Einsicht in folgende Akten des Strassbg. Stadtarchivs: Register der Roten Kirche F, Fol. 268; Protokolle der Contraktstube, 1582, Fol. 357. — Dazu vgl. Seyboth, Das alte Strassburg. S. 226 und 233.

27) Wencker a. a. O. (Anm. 12), S. 167.

28) Les collectanées de Daniel Specklin, herausg. von R. Reuss. Strassbg. 1890. S. 575.

29) Ebenda. S. 572.

30) Büheler a. a. O., S. 134; Kleine Strassburger Chronik (1424—1615), herausg. von R. Reuss. Strassbg. 1889. S. 21; Wencker a. a. O., S. 167; dazu aus Hecklers Handschrift Schreiber a. a. O., S. 41.

31) Piton a. a. O., S. 131 und 96.

32) Siehe Seite 53.

33) Oeri a. a. O., Seite XV.

34) Ebenda.

35) Sandrart, Teutsche Academie, II, III, 254.

36) Passavant, Le peintre-graveur. Lpg. 1862. III, 461.

37) Baeschlin, Neujahrsblatt des Kunstvereins in Schaffhausen für 1880, S. 10.

38) Fol. 317. Strassbg. Stadtarchiv.

39) J. B. Kolb, Hist.-stat.-topogr. Lexicon von dem Grossherzogtum Baden. Karlsruhe 1816. III, S. 10.

40) Über die hier einschlägigen Rechtsverhältnisse vgl. Schröder, Lehrbuch der deutschen Rechtsgeschichte. Lpg. 1889. S. 604, 561, 558.

41) L. Schneegans, Elsässische Neujahrsblätter für 1847. Basel 1847. S. 1 ff.

42) R. Schadow, Jahrb. f. Gesch., Sprache u. Litt. Els.-Lothr., II(1886), S. 5 ff.

43) R. Reuss, ebenda, S. 196 ff.

44) Strassb. Stadtarchiv, Protokoll der XXI, 1584. Fol. 24, 36, 295.

45) Ebenda. Protokoll d. XXI, 1583. Fol. 7, 126 u. s. w.

46) Ebenda. Prot. d. XXI, 1582, Fol. 603; 1583, Fol. 40, 200, 349; 1584, Fol. 295, 525.

47) Über Hans Schoch, den späteren Meister des Heidelberger Friedrichsbaues, ruhen noch viele bisher unbekannte Nachrichten in Strassburger Akten. Nach dem, was mir beiläufig vor Augen kam, übersiedelte er 1572 als Zimmermann von Königsbach im Badischen nach Strassburg, wurde hier bald Mühlmeister, ging 1574 auf längere Zeit mit Urlaub nach Neidenstein und Maulbronn, um dort Mühlen zu bauen, wurde, nach Strassburg zurückgekehrt, 1577 Werkmeister auf dem Zimmerhof, dann wegen Streits mit Fraueler und dem Lohnherrn aus dem Dienst getreten, war er von 1583 bis Nov. 1584 beim Markgrafen von Baden beschäftigt. Darauf wurde er wieder in Strassburg Stadtlohnherr und endlich seit 1590 Nachfolger Specklins als Stadtbaumeister. Er war in allen Ämtern beliebt und geschätzt. Vgl. Strassb. Bürgerbuch zum 30. Sept. 1572; Prot. d. XXI, 1577, Fol. 20, 698, 736; 1583, Fol. 160, 178, 318, 367; 1584, Fol. 538, 558; 1590, Fol. 159, 168, 231, 257, 283, 409, 416, 418, 452, 509.

48) Ebenda. Prot. der XXI, 1583. Fol. 367.

49) Ebenda. Prot. d. XXI, 1583, Fol. 7; 1584, Fol. 250. Paul Maurer ist 1586 Balier, vergl. ebenda 1586, Mappe G. U. P. Fasc. 42.

50) Ebenda. Prot. d. XXI, Maisitzung, 1582.

51) Ebenda. Prot. d. XXI, 1584, Fol. 538.

52) E. v. Czihak, Daniel Specklin als Architekt, Repertorium XII, S. 358 ff.

53) Prot. d. XXI, 1589, Fol. 317 und 409 (18. Juni und 4. August).

54) Wiederholt bei Seyboth, Das Alte Strassburg, Blatt 16.

55) Description historique et topographique de la ville de Strasbourg. Strassbg. König 1785. Über Stosskopf, den Schüler des Daniel Soriau und ersten Lehrer Sandrarts, vgl. Sandrart, T. A. II, III, S. 310.

56) Prot. d. XXI, 1590, 7. Sept.

57) Büheler a. a. O., S. 144, 145. Dazu Prot. d. XXI, 1589, Fol. 399 und 407; 1590, Fol. 167, 228.

58) Allgemeine Werke: Luebke, Geschichte der Renaissance in Deutschland, I. S. 374—379; — Paulus, Die Kunst und Altertumsdenkmale im Kgr. Württemberg. Stuttg. 1889. S. 30—34. Dohme, Geschichte der deutschen Baukunst. Berlin 1887. S. 242—346. Beschreibung des Stadtdirektionsbezirks Stuttgart. Stuttg. 1856. S. 121—123.

Besondere Werke: Baeumer, Jahresber. der Kgl. Polyt. Schule in Stuttg. für 1868—69; Walcher, Würt. Vierteljahrshefte X. Stuttg. 1888. S. 161; Ders., Die schönsten Portraitbüsten des Stuttgarter Lusthauses. Stuttg. 1887.

59) Baeumer, a. a. O. Tafel II.; Wiener Allgemeine Bauzeitung 1870. Atlas Bl. 40; Illustrierte Geschichte von Würtemberg. Stuttg. Süddeutsches Verlagsinstitut. 1891. S. 480; Hirth, Formenschatz der Renaiss. 1886. Nr. 71, 72.

60) Über Herrneisen und Züberlin giebt, ohne ihre Thätigkeit im Lusthause zu kennen, weitere Nachrichten Nagler im Allgem. Künstlerlex. und in den Monogrammisten I, S. 321 und V, S. 418. Züberlin hat auch die Kirche in Freudenstadt ausgemalt, Lübke D. R. I, 356. Über ihn siehe auch unter S. 48.   .

Über Steiner (Stainer, Steimer, Steinmer), Ramminger und Gretter vgl. Georgii-Georgenau, Fürstl. Würtemb. Dienerbuch. Stuttg. 1887. S. 211

61) Abgebildet bei Ch. Goutzwiller, le musée de Colmar. 2. Aufl. Colmar, Barth 1875. S. 121. Die im Katalog desselben Museums, Colmar, Saile 1891. S. 14, vermutete Urheberschaft Dietterlins für diesen Schild beruht auf der falschen Voraussetzung, dass er der Künstler der Stuttgarter Jagdbilder wäre.

62) Strassb. Stadtarchiv. Prot. d. XXI, 1590, 5. und 7. September

63) Aufbewahrt in dem Roesslinschen Buche von 1695, wiederholt in Chr. Fr. Sattlers topogr. Gesch. des Herzt. Würt. Stuttg. 1784. S. 57.

64) Roesslin a. a. O.

65) Abgeb. Ill. Würt. Gesch. S. 464.

66) Näheres über Schlossberger siehe Georgii-Georgenau, biogr.-geneal. Blätter aus und über Schwaben. Stuttg. 1879. S. 818.

67) Lübke, D. R. I, S. 356 ff.

68) Vorrede zur Architectura von 1593.

69) Seyboth, D. A. St. S. 22.

70) Sandrart, T. A. II, III, S. 297 u. 310; auch Nagler Künstlerlex. XVII, 78.

71) Arnd, Geschichte der Provinz Hanau und der unteren Maingegend. Hanau 1858, S. 395 ff.

72) Siehe Anm. 114.

73) Vgl. S. 1 und S. 45.

74) Fol. 7a unter „Gesims" Zeile 7 lies Bletlin für Bleilin; Fol. 45b unter „Archatrab" lies ander halb für anderthalb; Fol. 135a lies Achanti für Acbanti, auf dem Textblatt Composita lies 175 für 176.

75) Für alle die verschiedenen Auflagen angehenden Äusserlichkeiten wie Wortlaut der Titel, Umgestaltung der wiederholten Platten, Grösse, Reihenfolge und Bezifferung der Tafeln verweise ich auf v. Zahn, Wendel Dietterlins Säulenbuch, in Naumanns Archiv für die zeichnenden Künste IX (1863) S. 97 ff. und auf Andresen, der Deutsche Peintregraveur II (1865) S. 252 ff. Zur Ergänzung beider diene nur folgendes:

1. Die Ausgabe von 1594 enthält nachstehende Kupfer der Ausgabe von 1598: Nr. 44, 23, 6, 24—31, 38—39, 46, 66—77, 86—87, 95, 110—116, 125—126, 136, 152—160, 167—168, 176, 192—197, 208—209.

2. Alle mir in Strassburg, Berlin, Dresden u. s. w. vorgelegten Exemplare der deutschen Caymocxschen Ausgabe von 1598 zeigten gegenüber der von Zahn und Andresen beschriebenen folgende Abweichungen: a) es waren sämtliche, auch die aus der Ausgabe 1593 wiederholten Platten — meist links unten — beziffert, b) es befand sich darin ein schwarz bedrucktes Titelblatt, das links unten mit 1 bezeichnet, schon dieselbe Umrahmung zeigte, die Zahn und Andresen erst der Ausgabe 1655 zueignen und deshalb Dietterlin absprechen. Ob die Verschiedenheit sich auch auf den Text des Werkes ausdehnt, konnte ich nicht feststellen, da ich nirgends über ein Beispiel der Zahn-Andresenschen Art zum Vergleiche verfügte. Was ich an Änderungen sah, zwang mich noch nicht zu dem Schlusse auf eine durch Ausverkauf noch in demselben Jahre 1598 notwendig gewordene zweite Auflage des Gesamtwerkes. Rücksichten auf sicherere Ordnung der vielen Platten und Überdruss an dem alten, oft wiederholten Titel mögen die genannten Neuerungen während des Druckes wünschenswert gemacht haben.

3. Bei der mit der Vermehrung der Tafeln notwendig gewordenen

neuen Bezifferung derselben in der Ausgabe von 1598 ist es zweimal vergessen worden, die Verweisungen im älteren Texte danach umzuändern. Auf Blatt 94b sollte es jetzt statt „in der 27 Figur" heissen: „in der 177. Figur"; ferner auf Blatt 135b statt „dass 22 blat" „dass 139. blat". — Druckfehler sind Fol. 45a „Agris" statt „Argis"; Fol. 7b „und in der 6 lass 3 Theil fallen" statt „4 theil".

76) Siehe seine Vorreden aller Orten.

77) von Zahn, Dürers Kunstlehre. Lpg. 1886. S. 116.

78) Luebke D. R., Bd. I. Buch I. Kap. 4.

79) Die hier einschlägige Abhandlung über die Entwicklung der Säulenordnungen von K. Berling ist noch nicht gedruckt. Das freundliche Angebot der Einsicht in das Manuskript ist mir leider zu spät zugegangen, als dass ich es hätte benutzen können.

80) Cicognara, bibliografia artistica, Bologna 1852. I. S. 120.

81) Christiaan Kramm, de levens en werken der Hollandsche en Vlamsche Kunstschilders. Amsterdam 1859. S. 894.

82) Galland, Geschichte der holländischen Baukunst der Renaissance. Frkft. 1890. S. 111, Anm.

83) Über Hans Blum vgl. Nagler, Monogr. III. Nr. 658, dazu Universal Catalogue of Books on Art. London 1870. I. S. 125. Über die Wyssembachs Nagler, Monogr. IV, Nr. 3838 und 3843.

84) Julius Janitsch, Jacques Androuet Ducerceau, S. 13 in Dohme, Kunst und Künstler Bd. 6.

85) Galland a. a. O. S. 111.

86) Lübke D. R. I. S. 166; Nagler, Monogr. IV. Nr. 3694.

· 87) Z. B. in Rivius Perspective 1547; in Jean Goujons Epistel an die Leser von Martins Vitruv 1547; in Lomazzos trattato dell' arte 1584; in Daniel Specklins Architectura von Festungen 1589; in Jan Vredeman de Vries Perspective 1604.

88) Vgl. Serlios Architectura, Schlusssatz und Schlusszeichnung des ersten Buches (deutsche Ausgabe von Ludwig König. Basel, 1608. Fol. 14).

89) Ebenda Buch IV. Cap. VI. (König, Fol. 21b.)

90) Ebenda Buch I. Cap. 1. (König, Fol. 7.)

91) Diett. Bl. 7b und 8A; 3b und 4T.

92) Hortorum viridariorumque elegantes et multiplicae formae ad architectonicae artis normam affabre delineatae a Johanne Vredmanno Frisio; Philippus Gallaeus excudebat Antverpiae 1583.

93) Vredeman de Vries, Caryatidum sive Atlantidum centuria, Gerard de Jode excud. Ohne Datum.

94) Oeuvre de la diversité des termes par Hugues Sambin. Lyon 1572.

95) A. v. Zahn, Wendel Dietterlins Säulenbuch, in Naumanns Archiv f. d. zeichn. Kste. IX. Lpg. 1863, S. 97 ff.

96) Sandrart, T. A. II., III. S. 310.

97) Lübke, D. R. I. S. 171.

98) Woltmann, deutsche Kunst im Elsass, Lpg. 1876, S. 315.

99) Abgebildet in K. E. O. Fritsch, Denkmäler deutscher Renaissance. Berlin 1887.

100) F. X. Kraus, Kunstdenkmäler des Grossherzogtums Baden. Freiberg 1887. I, S. 603.

101) Siehe oben S. 1 und 26.

102) Alle hier besprochenen Radierungen württembergischen Inhalts sind mit Ausnahme von Andresen 6 teilweis recht brauchbar in der Illustrierten Geschichte Württembergs, Stuttg., 1891, abgebildet. Auf dasselbe Buch gehen die genealogischen und heraldischen Angaben zurück.

103) Über Mathäus Greuter (1566—1638) vgl. Baglione, Le vite de' pittori, Roma 1642 (Napoli 1733, S. 282), und Nagler, Monogr. IV, Nr. 1833. Dazu Seyboth D. A. Str., 23, 19.

104) Sandrart, T. A., II, III, 310.

105) Aufbewahrt auf dem Strassburger Dombauamt.

106) Abgb. bei Seyboth, D. A. Str., Blatt 21, und in K. E. O. Fritsch a. a. O.

107) Seyboth, D. A. Str., S. 153.

108) Woltmann a. a. O.

109) Strobel in Schreiber, Das Münster zu Strassbg. Freiberg 1829. S. 80. — L. Schneegans in Stöbers Alsatia 1852, S. 10, Anm. — A. Siret, dictionnaire des peintres. Paris 1874. — Engerth, Verzeichnis der Gemälde in Wien. Wien 1886. III, S. 82. — Champlin-Perkins, Cyclopedia of painters and paintings. London 1888. I, 410.

110) Lützows Zeitschr. f. bild. Kst. XV (1880), S. 155. Woltmann-Wörmann, Gesch. d. Malerei. Lpg. 1882. II, S. 555.

111) Christus und fünf Apostel aus dem Abendmahl, Höhe 0,56 m, Breite 0,43 m, auf Papier, Pastell mit Aquarelluntermalung, in London gekauft.

112) Jöchers Gelehrtenlexikon. Lpg. 1751. IV, S. 231.

113) So nennt er sich selbst auf den beiden von ihm erschienenen

Kupferstichfolgen mit burlesken Figuren, die vor Andresen öfter seinem Vater beigemessen worden sind, von denen aber die eine die Jahreszahl 1615 trägt. Nicht anders heisst er 1615, 1616, 1617, 1618 in den Kirchenbüchern, 1615 erscheint er auf der Stempeltafel der Strassburger Goldschmiede (vgl. H. Meyer, Die Strassburger Goldschmiedezunft. Diss. Strassbg. 1881. S. 75). Nur einmal — in Schadäus Münsterbuch S. 34 zum Jahre 1616 — wird er Maler genannt, verrichtet aber auch bei dieser Gelegenheit nur eine Vergolderarbeit.

114) Meine Kenntnis der Nachkommenschaft Dietterlins beruht auf eigener Einsicht in die Kirchenbücher des Strassburger Standesamtsarchivs (meist von Jung St. Peter, prot.). Das Wichtigste ist veröffentlicht worden von Ferd. Reiber in der Elsässer Zeitschrift Le Mirliton. Strassburg 1884. 1. Juni. Falsch ist, dass Reiber auf Grund einer Zeichnung im Stammbuch der Zunft zur Stelz ausser dem einen, urkundlich 1642 geborenen Peter Dietterlin noch einen früheren dieses Namens annimmt. Das Jahr der Zeichnung ist nicht 1615, sondern 1675.

115) F. X. Kraus, Kunst und Altertum im Unterelsass. Strassburg 1876. S. 505.

Druck von August Pries in Leipzig.

www.ingramcontent.com/pod-product-compliance
Lightning Source LLC
Chambersburg PA
CBHW020239090426
42735CB00010B/1759